中國現代文學名家傳記叢書

曾華鵬　著

零餘者的嘆息——郁達夫

陳信元
張堂錡　策劃

文史哲出版社印行

國家圖書館出版品預行編目資料

零餘者的嘆息：郁達夫 / 曾華鵬著. -- 初版. --
臺北市 :文史哲, 民 90
面: 公分. -- (中國現代文學名家傳記叢書；2)
參考書目：面
ISBN 957-549-340-0(平裝)

1. 郁達夫（1896-1945）- 傳記 2.中國文學 - 傳記

782.886 90000227

中國現代文學名家傳記叢書 ②

陳信元・張堂錡策劃

零餘者的嘆息：郁達夫

著者：曾華鵬
出版者：文史哲出版社
登記證字號：行政院新聞局版臺業字五三三七號
發行人：彭正雄
發行所：文史哲出版社
印刷者：文史哲出版社
臺北市羅斯福路一段七十二巷四號
郵政劃撥帳號：一六一八〇一七五
電話 886-2-23511028・傳眞 886-2-23965656

實價新臺幣二五〇元

中華民國九十年元月初版

ISBN 957-549-340-0

書系緣起

陳信元
張堂錡

法國詩人兼批評家聖伯甫（Sainte Beuve，1803-1860）曾說：「在批評學上，我覺得使人讀之生快感而增見聞的，最好是替偉大的作家生動而詳實的傳記。……鑽入作家的身心、懷抱，用各種方式使其活動，並觀察他的時代、習慣及生活，這樣，才算得上是個真正的批評家。」也就是說，一個批評家如果不能進入作家的心靈世界，與作家進行一種心領神會的交流，感知其情意，認知其思想，同時對其所處時代、社會、環境種種有深刻的理解，則很難能對作品有剖析精闢的評論。因此，要理解作品，應該先了解作家，而文學傳記正是我們理解作家的重要門徑之一。一部傑出的傳記，理應是融合了作家論、作品論、歷史論、鑑賞論、批評論、創作論等多種功能、技巧或條件於一身的產物。

一個優秀的傳記文學作家，應該是傳主的真正知己，能把傳主的整個人格呈現出來；一部優秀的傳記文學作品，除了文字引人入勝外，更要使傳記中人栩栩如生，散發出動人的力量，透射出豐富的智慧。這除了要靠資料搜羅求其完備的真實性講究之外，善於運用文學技巧進行剪裁、安排、刻劃的藝術性追求，也是不可或缺的基本條件。如果能找到許多位優秀的傳記文學作家，寫出一部部兼具可讀性、史料性、藝術性的傳記文學作品，我們相信對文學研究的深化、作品的廣為流傳，甚至於創作經驗的傳承、熱情的點燃，都將會是極具正面性的嘗試與貢獻。

這是我們的心願，也是我們長期關懷文學發展的理想追求。如今，這個心願與理想，透過《中國現代文學名家傳記叢書》的企劃推出，得到了彌足珍貴的落實。說「彌足珍貴」是真的，學術作品的出版一向不受主流市場的青睞，作家傳記雖然已較通俗可讀，但和那些政治人物、影劇明星內幕八卦的「傳記」轟動上市、旋即再版的「盛況」相比，文學作家傳記確實是有些寂寞，何況相關作家的傳記在市面上已有許多不同版本在流傳，我們能推出這套叢書，若不是文史哲出版社社長彭正雄先生不計成本的支持，以及對這套叢書的內容品質，撰稿群的學養功力深具信心，這個心願是很難達成的。

打開中國現代文學史，魯迅、巴金、郁達夫、曹禺、冰心、朱自清、錢鍾書、林語堂等一連串的名家，他們的人生際遇、生命抉擇、生活型態、創作追求，構築起一座座豐盈、迷人的心靈園林，讓後人流連；他們在時代變動中所發出的光與熱、情與意，也同樣令後人仰望、懷想。他們以自己的生命、作品、藝術理想，為逝去的二十世紀刻鏤下最深刻、也最華麗的印記。他們的傳記，既是二十世紀文學史的縮影，也是現代中國知識分子心路歷程的曲折呈現。認識這些作家，不僅認識了文學，也認識了現代中國，認識了自己。

這些現代文學名家的傳記，在撰稿者秉持設身處地、還原情境、正視後果、多面探掘等原則，並採宏觀與微觀兼具、大歷史與小歷史並重的寫作態度，篇幅不求其厚長，內容卻力求其豐實生動，人物刻劃力求其準確有度的要求下，如今已呈現在讀者的面前。我們澆灌現代文學園圃的用心深意，看來已有了纍纍碩實的成果。

值此世紀回眸之際，我們祈盼新世紀的作家身影不再寂寞，文學可以迎回另一個世紀的璀璨風華。從這個角度看，這套叢書，既是回顧，也是前瞻；既是總結，也是一個好的開始了。

感謝所有的撰稿者，以及為這套書奉獻過心力的朋友。

二〇〇一年元月序於臺北

零餘者的嘆息——郁達夫

自序

當我提起筆來，開始爲臺灣的青年朋友撰寫一本現代作家郁達夫的傳記時，我感到異常高興：我終於得到一次學術交流的機會，能夠爲海峽彼岸的讀者描述一位富有個性的文學家不平凡的一生，自然値得高興。

郁達夫是「五四」新文學運動以後出現在中國文壇上的一位很有影響的作家，他所創作的小說和散文在二、三十年代曾一次次產生轟動效應，並一直擁有衆多的讀者；雖然相隔六七十年，但他的作品所具有的藝術魅力依然能給今天的讀者帶來沁人心脾的審美享受，其所表達的感情思緒不僅能被今天的讀者所理解，而且還能引起他們強烈的共鳴。他是一位能夠超越時空限制而繼續同當代青年讀者對話的作家。因此，幫助青年讀者認識和了解這位作家的人生歷程和創作成就，我認爲是很有意義的。

對於郁達夫的研究，我一直是和我大學時代的同窗好友范伯群先生共同進行的。我們的研究工作起步比較早，在五十年代中期，我們這兩個剛從大學畢業的名不見經傳的年輕人，就以我們合作的長達四萬字的長篇論文——《郁達夫論》在當時大陸的權威刊物《人民文學》上發表。在當時文壇的一些朋友的視聽中猶如空谷足音，這是有老作家秦兆陽先生執筆的〈編後記〉可以作證的。

到了八十年代初期，鑑於有關郁達夫的資料又有較多發現，我們對郁達夫的研究也有進一步的深化，因而我們又合作撰寫了一本二十萬字的《郁達夫評傳》，對這位作家的生平和創作進行更全面更準確的評述。這部傳記出版後引起海內外讀者的熱烈反響，香港報紙上的評介文章讚譽這本書是「郁達夫研究的新突破」。此後我們又繼續合作就某些專題作更深入的探討，並就此發表了一批系列性的學術論文。現在，雖由我個人來執筆爲臺灣讀者撰寫這本新的郁達夫傳記，但實際上我所依據的都是我和范伯群教授長期合作的研究成果。這裡面凝聚著范先生的智慧和心血，它凝結著我們長達近半個世紀的親如兄弟的深摯的友誼。我在寫作這本書時，時常會回憶起我們幾十年合作的艱苦歷程，以及相濡以沫和共享成功喜悅的種種情景，每想到這些，心中總會湧起溫馨和暖意，同時對寫好這本新的郁達夫傳記也就更加充滿信心。

目前寫作的是一本以青年讀者爲對象的書，我盡量注意它的可讀性。我儘可能具體地描述事實本身，減少抽象的議論和說理，而將評價寄寓在事實的描敘之中；我儘可能將經過考證與辨析過的結果準確地寫出來，而省略去那些煩瑣枯燥的考辨過程；我儘可能對傳主作全面的介紹，但每一節又都相對集中地突出一個中心。文字盡量寫得通俗活潑些，避免高頭講經式的嚴肅和呆板。我寫作本書時的這些考慮，相信細心的青年朋友們在閱讀時是能夠體會出來的。

現在，我將這本郁達夫傳記呈獻給臺灣的讀者，但願它能得到你們的喜歡。同時，我還要向爲本書得以在臺灣出版而熱情操勞和花費心血的陳信元先生、張堂錡先生表示我衷心的感謝。

零餘者的嘆息——郁達夫

零餘者的嘆息——郁達夫

目次

第一章　少年時代

一、家住富春江畔

郁達夫於一八九六年十二月七日（清光緒丙申十一月初三）在浙江富陽出生。富陽是富春江畔的一座小城，風景十分優美。早在一千五百年前，梁朝的吳均就曾用簡潔清麗的文字描繪過這一帶的山光水色：「自富陽至桐廬，一百許里，奇山異水，天下獨絕，水皆縹碧，千丈見底；游魚細石，直視無礙。急湍甚箭，猛浪若奔。夾岸高山，皆生寒樹，負勢競上，互相軒邈，爭高直指，千百成峰。泉水激石，泠泠作響；好鳥相鳴，嚶嚶成韻。蟬則千轉不窮，猿則百叫無絕。」（《與朱元思書》）在郁達夫成爲一個文學家以後，他在自己的作品裏，對他的家鄉富陽和富春江的綺麗風光也曾一再地加以描述：

他的故鄉，是富春江上的一個小市，去杭州水程不過八九十里。這一條江水，發源安徽，貫流全浙，江形曲折，風景常新：唐朝有一個詩人贊這條江水說「一川如畫」。

（《沉淪》）

月光下流著一條曲折的大江，江的兩岸有鬱茂的樹林，空曠的沙渚。夾在樹林沙渚中間，各自離開一里二里，更有幾處疏疏密密的村落。村落的外邊環抱著一群層疊的青山。當江流曲處，山崗亦折作弓形，白水的弓弦和青山的弓背中間，聚居了幾百家人家，便是**F**縣縣治所在之地。（《青煙》）

在一天清和首夏的晚上，那錢塘江上的小縣城，同歐洲中世紀各封建諸侯的城堡一樣，帶著了銀灰的白色，躺在流霜似的月華影裏。湧了半弓明月，浮著萬疊銀波，不聲不響，在濃淡相間的兩岸山中，往東流去的，是東漢逸民垂釣的地方。披了一層薄霧，半含半吐，好像華清池裡試浴的宮人，在煙月中間浮動的，是宋季遺民痛哭的台榭。（《懷鄉病者》）

富春江位於錢塘江的上游。除了風景秀麗外，它的兩岸還有許多名勝古蹟。釣台和西台就是其中著名的兩處。相傳東漢高士嚴光（字子陵）年輕時同劉秀曾同窗抵達福州，暫住南中興東漢，劉秀當了光武皇帝後遣使聘他去做官，他都婉言謝絕，來到富春江畔以垂釣耕種自樂，過著隱士生活。釣台即嚴子陵垂釣的地方，後世常以嚴子陵辭帝歸隱的故事作爲歌咏那不貪富貴自甘淡泊的隱士的典故。在釣台的近處還有一處古蹟——西台。南宋末年愛國志士謝翱得知文天祥就義後曾登上西台擊石歌哭，並寫下悲憤的《登西台慟哭記》。因此，謝翱哭西台就成爲悼惜忠良、憂國憂民的典故。以上兩處就是郁達夫在作品裏寫到的「東漢逸民垂釣的地方」和「宋季遺民痛哭的台榭」。家鄉的這些名勝古蹟給郁達夫留下鮮明的印象，並對他的思想性格產生了深刻的影響。他在自己的詩作裏曾反覆運用過這些典故。如「我欲乘風歸去也，嚴灘重理釣魚竿」「曾與嚴光留密約，魚多應共醉花陰」「國亡何處堪埋骨，痛哭西台吊謝翱」「偶向西台台畔過，苔痕猶似淚淋浪」等等。郁達夫家鄉的自然環境和人文環境，是孕育這位現代作家的主要文化背景。

郁達夫原名文，小名蔭生，達夫爲其表字。父親郁士賢，早年設塾授課兼行中醫，後來也曾任富陽縣衙門戶房司事。母親陸氏。達夫爲郁家幼子，長兄郁華，字曼陀，比他大十二歲，二兄郁浩，字養吾，比他大五歲，姐姐郁鳳，比他大兩歲。他的家庭原爲書香世家，以後逐漸破落，達夫出生時僅剩有一間舊式三開間的樓房和大畝薄田，家境貧困。因此郁達夫後來回憶兒時的生活時說：「我所經驗到的最初的感覺，便是飢餓。」他這篇回憶文字也取題爲《悲劇的出生》。

童年的郁達夫是孤獨而寂寞的。在他三歲時，父親就因病去世。由於生活拮据，年幼的姐姐也被送給人家當童養媳。兩個哥哥到離家很遠的書塾裏去念書。「自父親死後，母親要身兼父職了，入秋以後，老是不在家裡」，她得艱難地挑起全家的生活重擔，爲溫飽而奔波，不可能將更多的愛撫給予這個最需要母愛的孩子。於是，在這個「靜得同在墳墓裡一樣」的家裡，陪伴著郁達夫的時常只是老祖母那淒涼而單調的念經的聲音。他後來回憶說：「守了數十年寡的祖母，也已將人生看穿了，自我有記憶以來，總只看見她在動著那張沒有牙齒的扁嘴念佛念經。」（《悲劇的出生》）童年時代的這種寂寞的生活，對於郁達夫性格和氣質的形成產生了不可忽視的影響，是他有時會表現出比較乖戾和憂鬱的原因所在。

由於生活的寂寞，郁達夫就懷著無限親切的感情眷戀著大自然；而富春江那如詩如畫的美麗景色也確實能夠給郁達夫寂寞空虛的心靈帶來些許的安慰和充實。他後來回憶說：「在小學校念書的時候——也許是在進小學校之先——記得老愛走上離城市稍遠的江邊上去玩。因爲在那裡有的是清新的空氣，濃綠的草場，和桑槐的併立排著既不知從何處始也不知在何處終的樹影，而從樹椏枝裡望出去的長空，似乎總是一碧無底的。在這些青蔥藍碧的中間，記得還有許多嗒嗒唧唧和悠然長曳地氿的一聲便蹤影全無的巨鷹的絕叫聲聽得出來。置身入這些綠樹濃蔭的黃沙斷岸中間，躺著，懶著，注目望望江上的帆船——那時候這清淨的錢塘江上是並沒有輪船的——和隔江的煙樹青山，我總有大半日白白之夢好做。對於大自然的迷戀，似乎是我從小的一種天性。」（《懺餘獨白》）當這個頭上養了一圈羅漢髮的清瘦的孩子沉浸在富春江上的山光水色中的時候，在他幼小的心中就會升起一種新的驚異：「這世界眞大啊！那寬廣的水面！那澄碧的天空！那些上下的船隻，究竟是從那裡來，上那裡去的呢？」「我一個人立在半山的大石上，近看看有一層陽炎在顫動著的綠野桑田，遠看看天和水以及淡淡的青山，……心裏就莫名其妙的起了一種渴望與愁思。我要到什麼時候才能大起來呢？我要到什麼時候才可以到這像在天邊似的遠處去呢？到了天邊，那麼我的家呢？我的家裡的人呢？同時感到了對遠處的遙念與對鄉井的離愁，眼角裡便自然而然地湧出了熱淚。到後來，腦子也昏亂了，眼睛也模糊了，我只呆呆的立在那塊大石上的太陽裡做幻夢。」（《我的夢，我的青春》）美麗的神秘的大自然使這個孤獨的孩子對生活產生了深深的熱愛和豐富的遐想；長日與秀麗的山水相對，培養了郁達夫對自然美的感受能力，孕育了他的詩人的氣質。這是故鄉明媚的山川給這位未來的作家的最慷慨的禮物。

二、從書塾到學堂

郁達夫是在七歲時開始讀書的。他曾依照舊時的習俗舉行隆重的開蒙儀式。他回憶說：「我的初上書塾去念書的年齡，卻說不清楚了，大約總在七八歲的樣子；只記得有一年冬天的深夜，在燒年紙的時候，我已經有點朦朧想睡了，盡在擦眼睛，打呵欠，忽而門外來了一位提著燈籠的老先生，說是來替我開筆的。我跟著他上了香，對孔子的神位行了三跪九叩之禮；立起來就在香案前面的一張桌上寫了一張『上大人』的紅字，念了四句『人之初，性本善』的《三字經》。」第二年的春天，他就夾著綠布書包，拖著紅絲小辮子，進了書塾讀書了。

從自由自在的生活到關在屋子裡死命地背書，這對郁達夫來說，是多麼痛苦的變化。因爲在書塾裡要從早晨坐到晚上，很少活動，所以郁達夫和他的同學們就在讀書時把身軀死勁地搖擺，並且放開喉嚨琅琅地高叫了，他們把這當作是「可以助消化，健身體的運動」；同時，在書塾裡，「大小便，是學生們監禁中暫時的解放，故而廁所就變作了樂園」，有的學生爲了暫時擺脫監禁，每天早晨總要大小便十二三次，後來弄得塾師沒有辦法，「就設下了一枝令簽，凡須出塾上廁所的人，一定要持簽而出；於是兩人同去，在廁所裡搗鬼的弊端革去了，但這令簽的爭奪，又成了一般學生們的唯一的娛樂。」（《書塾與學堂》）郁達夫就是在這種頑童鬧學式的書塾生活中初步獲得一些文化知識。

一九〇七年，郁達夫正在就讀的公立書塾——春江書院改辦爲富陽縣立高等小學堂，郁達夫便成爲最早的新式學堂生。在全校學生中，他的身體、年齡都是屬於最小的一個。有幾位同班同學是進過學的秀才，年齡都在三十左右，比郁達夫大了十七、八歲，他們穿慣了袍子馬褂的身軀，穿起制服來，背形微駝，實在不大雅觀，這正顯示了教育制度新舊交替期的特有現象。郁達夫雖然年紀小，但學習成績卻很好，這一年年底，因爲他的平均成績超出八十分以上，被學校提拔，和四位其他的同學跳了一個年級。這件事「在縣城裡居然也聳動了視聽」。

書塾改爲學堂，從而廢除了沿襲一千多年的科舉制度，這在當時的縣城和鄉村不能不引起巨大的驚訝和震動，人們都以好奇的目光注視著這一變革中的新事物。郁達夫後來回憶說：「當時的學堂，是一般的崇拜和驚異的目標。將書院的舊考棚撤去了幾排，一間像鳥籠似的中國式洋房造成功的時候，甚至離城有五六十里路遠的鄉下人，都成群結隊，帶了飯包雨傘，走進城來擠看新鮮。在校舍改造成功的半年之中，『洋學堂』的三個字，成了茶店酒館，鄉村城市裡的談話的中心；而穿著奇形怪狀的黑斜紋制服的學堂生，似乎都是萬能的張天師，人家也在側目而視，自家也在暗鳴得意。」在當時，甚至連學堂裡作文課時發下的兩個肉饅頭，到鄉下也被當作吃了「可以驅邪啓智」的珍品呢。所以郁達夫說，「由書塾而到學堂！這一個轉變，在當時的我的心裡，比從天上飛到地上，還要來得大而且奇」（《書塾與學堂》）。

在縣立高等小學堂讀書期間，郁達夫從十三歲起就開始學習英語。「十三問字子云居，初讀琅嬛異域書」（《自述詩》）。他和同學們是以濃厚的興趣和極大的好奇心來學習外語的。他們像背誦古文那樣，曲著背，聳著肩，搖擺著身體，用了讀古文辭類纂的腔調，來高聲朗讀英文詞句；初學不久，就急於用毛筆在各種線裝書上題上英文拼寫的自己的名字；稍後，則用異樣的發音，操著英語在同學中間開展「你是一隻狗」「我是你的父親」之類的互相討便宜的混戰。從書塾改爲學堂，舊的教學方式改爲新的教學方式，延續一千多年的科舉制度的傳統也被廢除，這說明固有的秩序正在改變，陳舊的事物必將被歷史淘汰，社會是在不斷進步的；而學習外語，把郁達夫的目光引向「瑯嬛異域書」，在他的面前展現了一個陌生的、新的領域，這又大大地開拓了他的視野。這種種社會進步的現象不能不在郁達夫的思想裡產生潛移默化的作用。

郁達夫「十五歲冬去小學」。一九一一年春，十六歲的郁達夫離開了他度過童年和時代的家鄉富陽，由一位老秀才親戚陪同，到距離一百里水路的杭州去考中學。當時交通不便，只能乘坐航船慢慢地搖，因而杭州就顯得十分遙遠了。出發以前，老秀才帶著郁達夫先上祖宗堂前頭去點了香燭，行了跪拜，再向祖母、母親作了三個長揖，雖在白天也點起了一盞仁壽堂郁的燈籠，然後郁達夫手裡握著祖宗堂前拔來的三株柄香，在母親「順風，順風！」的祝福聲中，乘船離開家鄉。當親人和故鄉的房屋從煙霧迷茫的江面上消失的時候，郁達夫的雙頰上止不住地流下了兩條冷冰冰的眼淚。然而當他在錢塘江上引領遠望到杭州的高山時，這個少年的心裡已經湧起了一腔勇進的熱意：「杭州在望了，以後就是不可限量的遠大的前程！」

投考的學校是當時最難考的杭州府中學堂，考試的內容是作文一篇，幾句英文的翻譯和四題數學。在等待發榜的閑暇日子裡，郁達夫就和那位秀才親戚以及當時已在杭州陸軍小學堂讀書的二哥郁浩一道，盡情地遊山玩水，飽覽了西湖的秀麗風光。正如他在《自述詩》裡所說：「兒時曾作杭州夢，初到杭州似夢中。笑把金樽邀落日，綠楊城廓正春風。」待到他被杭州府中學堂錄取時，帶來的錢已經不夠繳納學膳費了，再加上杭州府中學沒有宿舍，郁達夫只好另尋出路，終於和三位富陽來的同學相約，一道上學膳費比較便宜的嘉興府中學堂去就學。他在《自述詩》裡也有一首是記此事的：「欲把杭州作汴京，湖山清處遍題名。誰知西子樓台窄，三宿匆匆出鳳城。」

在嘉興府中學堂半年，由於語言、風俗完全不同，而且又是初次離家遠行，因而懷鄉之念十分強烈。他說：「半年之中，當寢室的油燈滅了，或夜膳剛畢，操場上暗沉沉沒有旁的同學在的地方，我一個人眞不知流盡了多少的思家的熱淚。」（《遠一程，再遠一程！》郁達夫在嘉興府中學堂讀了一個學期，暑假過後，終因嫌路途太遠，不再去嘉興上學，而轉入原已考取的杭州府中學堂。因爲是中途插班進去的學生，而且又在省城的學校，所以他感到陌生和惶恐，比在嘉興更爲孤獨。他說：「突然間闖入了省府的中心，周圍萬事看起來都覺得新異怕人。所以在宿舍裡，在課堂上，我只是誠惶誠恐，戰戰兢兢，同蝸牛似地蜷伏著，連頭都不敢伸一伸出殼來。」（《志摩在回憶裡》）然而自慚形穢的醜小鴨實際上是一隻美麗的白天鵝。郁達夫進校不久，就顯示出他的令人驚訝的才能了。他回憶說：「當時的學堂裡的課程，英文雖也是重要的科目，但究竟還是舊習難除，中國文依舊是分別等第的最大標準。教國文的那一位桐城派的老將王老先生，於幾次作文之後，對我有點注意起來了，所以進校後將近一個月光景的時候，同學們居然贈了我一個『怪物』的綽號；因爲由他們眼裡看來，這一個不善交際，衣裝樸素，說話也不大會說的鄉下蠢才，做起文章來，竟也會得壓倒儕輩，當然是一件非怪物不能的天大的奇事。」（《孤獨者》）

郁達夫在杭州府中學堂讀書的時候，「在同一級同一宿舍裡」，有一個身體生得很小，頭生得特別大，戴著金邊近視眼鏡的頑皮的同學，他「平時那樣的不用功，那樣的愛看小說……而考起來或作起文來卻總是分數得的最多的一個」，這個人就是以後寫了許多「美麗宏博的詩句和清新絕俗的散文」的徐志摩。在同一個時間同一個學校同一個班級，郁達夫和徐志摩，這兩位未來著名的文學家，這時正像兩棵生氣勃勃的樹苗，迎著時代的陽光雨露，抽枝發葉，茁壯成長。

三、沐浴時代的風雨

「山雨欲來風滿樓」，這是郁達夫在杭州讀書期間搖撼著整個中國的時代氣氛。這時，孫中山領導的以推翻清政府統治爲目標的鬥爭迅速發展，革命黨人正在積極準備著十月的武裝起義，社會上各階層像是大浪裡的樓船，都處在顚搖波動之中。

郁達夫說：「八月武漢革命軍起，杭州亦亂。學校散後，予奉祖母、母親避難家居。」（《自述詩・注》）雖然郁達夫回到家中，但是山雨到來前的大風依然吹撼著富陽這座寧靜的小城。「黃花崗七十二烈士的義舉失敗，接著就是四川省鐵路風潮的勃發，在我們那一個一向是沈靜得同古井似的小縣城裡，也顯然的起了動擺。市面上敲著銅鑼，賣朝報的小販，日日從省城裡到來。臉上畫著八字鬍鬚，身上穿著披開的洋服，有點像外國人似的革命黨員的畫像，印在薄薄的有光洋紙之上，滿貼在茶坊酒肆的壁間，幾個日日在茶酒館中過日子的老人，也降低了喉嚨，皺緊了眉頭，低低切切，很嚴重地談論到了國事。」（《大風圈外》）而郁達夫也懷著激動而急切的心情，期待著一場改變中國歷史的革命風雷的到來。

年輕的郁達夫之所以會對這場震撼中國的革命風雷表現出積極、歡迎的態度，是由於他通過閱讀史書和學校教育，對滿族統治者的腐敗無能及其必然失敗的歷史命運已經有了一定的認識。他回憶說：當他還在書塾讀書的時候，光緒三十四年那年，「皇帝死了，小小的這富陽縣裡，也來了哀詔，發生了許多議論。熊成基的安徽起義，無知幼弱的溥儀的入嗣，帝室的荒淫，種族的歧異等等，都從幾位看報的教員的口裡，傳入了我們的耳朵。而對於我印象最深的，是一位國文教員拿給我們看的報紙上的一張青年軍官的半身肖像。他說，這一位革命義士，在哈爾濱被捕，在吉林被滿清的大員及漢族的賣國奴等生生地殺掉了；我們要復仇，我們要努力用功。所謂種族，所謂革命，所謂國家等等的概念，到這時候，才隱約地在我腦裡生了一點兒根。」（《書塾與學堂》）在嘉興讀書那年暑假，郁達夫買了一大堆書回家閱讀。其中有一部無名氏編的《庚子拳匪始末記》，它從戊戌政變說起，說到六君子的被害，李蓮英的受寵，聯軍的入京，圓明園的縱火等等。郁達夫說，讀了這部書「使我滿肚子激起了義憤」。還有一部署名曲阜生魯陽孔氏編定的《普天忠憤集》，書中收集了甲午前後的章奏議論，詩詞賦頌等慷慨激昂的文章，郁達夫「讀了之後，覺得中國還有不少的人才在那裡，亡國大約是不會亡的」他所感到遺憾的是自己出世得太遲，「不曾躬逢著甲午庚子的兩次大難，去衝鋒陷陣地嘗一嘗打仗的滋味。」（《遠一程，再遠一程》）

異族統治者的荒淫無恥、喪權辱國，革命志士的奔走呼號、流血犧牲，這無數事實的教訓終於使郁達夫看清了歷史發展的趨勢。他說：「愚昧的朝廷，受了西宮毒婦的陰謀暗算，一面雖想變法自新，一面又不得不利用了符咒刀槍，把紅毛碧眼的鬼子，盡行殺戮。英法各國屢次的進攻，廣東津沽再三的失陷，自然要使受難者的百姓起來爭奪政權。洪楊的起義，兩湖山東捻子的運動，回民苗族的獨立等等，都在暗示著專制政府滿清的命運，孤城落日，總崩潰是必不能避免的下場。」清政府雖「冀圖挽回頹勢，欺騙百姓，但四海洶洶，革命的氣運，早就成了矢在弦上，不得不發的局面了。」（《大風圈外》）

當這支巨大的革命箭矢離弦射出的時候，郁達夫自然會從內心裡向它發出熱烈的歡呼。他回憶說，武昌革命軍的義旗一舉，「我也日日的緊張著，日日的渴等著報來；有幾次在秋寒的夜半，一聽見喇叭的聲音，便發著抖穿起衣裳，上後門口去探聽消息，看是不是革命黨到了。而沿江一帶的兵船，也每天看見駛過，洋貨舖裡的五色布匹，無形中銷售出了大半。終於有一天陰寒的下午，從杭州有幾隻張著白旗的船到了，江邊上岸來了幾十個穿灰色制服，荷槍帶彈的兵士。縣城裡的知縣，已於先一日逃走了，報紙上也報著前兩日，上海已爲民軍所占領。商會的巨頭，紳士中的幾個有聲望的，以及殘留著在城裡的一位貳尹，聯合起來出了一張告示，開了一次歡迎那幾位穿灰色制服的兵士的會，家家戶戶便掛上了五色的國旗；杭城光復，我們的這個直接附屬在杭州府下的小縣城，總算也不遭兵燹，而平平穩穩地脫離了滿清的壓制。」（《大風圈外》）辛亥革命終於結束了長達兩千年的封建君主制，在黑暗的中國第一次升起了民主共和的旗幟，這無疑會給郁達夫帶來巨大的震動，歷史發展的必然趨勢必將在這個年輕人的心中播下民主、進步的思想種子。

革命的風暴過去以後，郁達夫又於一九一二年進入杭州的之江大學預科讀書，他所以轉學，據他自己說，由於崇拜大學這個誘人的名銜，也爲了能更好地學習英文。之江大學原名育英書院，是美國長老會辦的教會學校，所以學校裡的宗教氣氛非常濃厚：「每天早晨，一起床就是禱告，吃飯又是禱告；平時九點到十點是最重要的禮拜儀式，末了又是一篇禱告。《聖經》，是每年級都有的必修重要課目；禮拜天的上午，除出了重病，不能行動者外，誰也要去做半天禮拜。禮拜完後，自然又是禱告，又是查經。」（《孤獨者》）這種信神的強迫，禱告的疊來，以及學校裡的其他各種極嚴的限制，對於酷愛自由的郁達夫，都是不能容忍的束縛。他對這所教會學校感到失望和不滿，有一部分同學也爲膳食問題和廚房發生糾紛而受到學校當局的高壓，因而他很快也捲進這場學校風潮裡，並成爲被學校開除的幾名「強硬者」之一。在被勒令離校後，郁達夫就和另外幾人一道到同學王仲瑚家開辦在海月橋的過塘行小住，繼續進行鬥爭。當時所有對外的傳單、新聞記事、請願呈文等大多出自郁達夫手筆。鬥爭雖然沒有什麼滿意的結果，但郁達夫回憶說：「可是城裡的一處浸禮會的中學，反把我們當作了義士，以極優待的條件歡迎了我們進去」（《大風圈外》）。這所學校就是蕙蘭中學。可是進校以後，郁達夫對這所教會學校又十分不滿，尤其是那個對洋人奴顏婢膝、對同胞趾高氣揚的教務長更引起他的極大反感。所以進校不久，郁達夫就決定自動輟學。他說：「我對當時的學校教育，實在是眞的感到了絕望，於是自己就定下了一個計劃，打算回家去做從心所欲的自修工夫。」（《大風圈外》）計劃決定以後，他就著實去添買了些預備帶回去作自修用的書籍，等年假考一考完，就跟著挑行李的腳夫，走出候潮門上江邊去乘坐返回富陽的航船。這時他對自己說：「被解放了！以後便是憑我自己去努力，自己去奮鬥的遠大的前程！」他的心中充滿著的希望和喜悅，比當年上杭州投考中學時所感到的，還要緊張，還要肯定。

四、痴情於文學繆斯

幾年的讀書經歷，使郁達夫的文化程度逐漸提高，具備一定的閱讀能力；因而一些優秀的文學作品就有可能陸續進入他的閱讀視野之內，他對文學也漸漸發生了興趣，並同它結下不解之緣。

最早吸引郁達夫的是我國古代的文學作品。他回憶說：「學校的功課，做得很勤，空下來的時候，只讀讀四史和唐詩古文，當時正在流行的禮拜六派前身的那些肉麻小說和林畏廬的翻譯說部，一本也沒有讀過。只有那年正在小學校畢業的暑假裡，家裡的一只禁閱書箱開放了，我從那只箱裡，拿出了兩部書來，一部是《石頭記》，一部是《六才子》（《五六年來創作生活的回顧》）。唐詩是我國詩歌最輝煌的成果，數量浩瀚的古代散文中也保存著許多膾炙人口的藝術珍品，《史記》《漢書》《後漢書》《三國志》等「四史」也具有極高的文學價值，《紅樓夢》標誌著我國古代小說的最高成就。雖然這時候外國的文學名著暫時還未引起郁達夫的注意，但我國這些具有永久藝術魅力的優秀文學遺產，已像甘霖一樣開始滋潤著少年郁達夫乾涸的心田。

郁達夫在《自述詩》裡寫道：「吾生十五無他嗜，只愛蘭台令史書。忽遇江南吳祭酒，梅花雪裡學詩初。」並在詩的自注裡說：「十五歲冬去小學，獎得吳梅村詩集讀之，是予平生專心研求韻律之始，前此唯愛讀兩漢書耳。」當郁達夫閱讀小學畢業時所獎得的吳梅村的詩集時，他深深地愛上這位詩人了。後來，他到嘉興府中學堂讀書，暑假他回富陽路過杭州時，帶著袋裡的一點餘錢到梅花碑的舊書舖買了一大堆書，其中有一部黎城靳氏的《吳詩集覽》。他說：「因為吳梅村的夫人姓郁，我當時雖則還不十分懂得他的詩的好壞，但一想到他是和我們郁氏有姻戚關係的時候，就莫名其妙地感到了一種親熱。」這書也成為「對我的影響最大」的一部作品。（《遠一程，再遠一程》）十七世紀明末清初的詩人吳偉業，字駿公，號梅村，江蘇太倉人。由於遭逢喪亂，閱歷興亡，他的詩集中既有才華艷發、吐納風流的歌吟，但也有暮年蕭瑟、激楚蒼涼的咏唱。這些詩篇都曾使郁達夫深受感動。在中學階段郁達夫喜愛的另一位詩人是黄仲則。他回憶說：「我的認識黄仲則，是在年紀很輕的時候。記得在進杭州中學的那年，於禮拜日放假之餘，常愛上梅花碑和豐樂橋直街的舊書舖去閑逛。僅僅還只有十三四歲的一個初從鄉下進城的毛學生，在書舖主人的眼裡，當然是不值半分錢的；所以在問書價之先，書舖的店員總要先問我，『你買得起麼？』有一次因爲氣不過，就忍痛出了塊把來錢，買了一部黄紙印成的《兩當軒集》」，而讀了黄仲則的詩作，「覺得感動我最深的，於許多啼飢號寒的詩句之外，還是他的那種落落寡合的態度，和他那一生潦倒後的短命的死。」（《關於黄仲則》）清代詩人黄景仁，字仲則，江蘇武進人。四歲喪父，生活道路十分坎坷；他才華出衆，但貧病一生，只活了三十五歲，遺留給後世的是一千多首詩篇。他的詩作抒悽愴悱惻之情，低徊掩抑之感，正如郁達夫所說是「語語沉痛，字字辛酸」。然而黄景仁的詩倍受郁達夫青睞。郭沫若說：郁達夫「他似乎很喜歡清代的詩人黄仲則，他不僅喜歡他的詩，而且同情他的生活。他似乎有意在學他。」（《郁達夫詩詞抄・序》）

在中學階段的郁達夫對古代小說和戲曲也發生了濃厚的興趣。在杭州府中學堂上學期間，他常常到舊書舖買書，「有一天在一家舊書舖裡買了一部《西湖佳話》，和一部《花月痕》。

這兩部書，是我有意看中國小說的時候，和我相接觸的最初的兩部小說。」（《五六年來創作生活的回顧》）《西湖佳話》是清代以西湖爲背景的短篇小說集，爲古吳墨浪子所輯。在這部書裡，民族英雄岳飛堅決抗金的故事，白居易、蘇東坡主政杭州的造福人民的政績，葛洪施藥濟世的善舉，林和靖終生與梅鶴爲伴的傳說等都得到生動的反映。郁達夫說：「《西湖佳話》中的每一篇短篇，起碼我總讀了兩遍以上。」（《孤獨者》）《花月痕》是清代魏子安描寫才子佳人悲歡離合故事的長篇小說，作者借書中兩對人物的窮達升沉來抒發自己懷才不遇之感，這部小說也引起郁達夫的共鳴。至於對戲曲作品的興趣，那已是後來在教會學校讀書的時候了。「那時候的教會學校程度很低，我於功課之外，有許多閑暇，於是就去買了些浪漫的曲本來看，記得《桃花扇》和《燕子箋》，是我當時最愛讀的兩本戲曲。」（《五六年來創作生活的回顧》）郁達夫愛讀的是兩本愛情題材的戲曲作品。孔尚任的《桃花扇》裡所展現的是侯方域、李香君的愛情故事，但作品卻蘊含著「藉離合之情，寫興亡之感」的主旨；阮大鋮的《燕子箋》則在唐代安祿山叛亂的歷史背景下描寫了霍都梁、華行雲、酈飛雲之間的愛情糾葛。這些戲曲和小說都帶給郁達夫很大的藝術享受。郁達夫回憶說：「我當時雖則還不能十分欣賞他們的好處，但不知怎麼，讀了之後的那一種朦朧的回味，彷彿是當三春天氣，喝醉了幾十年陳的醇酒。」（《孤獨者》）

郁達夫一面如痴如醉地閱讀文學作品，一面也產生強烈地參予文學創作的慾望。他在《自述詩》裡寫道：「九歲題詩四座驚，阿連少小便聰明。」這說明當他還很幼小的時候，初試鋒芒就已顯示出驚人的文學才華了。後來到了嘉興、杭州讀書，閱讀的作品多了，加上自覺地鑽研《滄浪詩話》《白香詞譜》等詩歌理論，郁達夫就更經常湧現文學創作的衝動了。他回憶說：「既與這些書籍發生了曖昧的關係，自然不免要養出些不自然的私生兒子！在嘉興也曾經試過的稚氣滿幅的五七言詩句，接二連三地在一冊紅格子的作文簿上寫滿了；有時候興奮得厲害，晚上還妨礙了睡覺。」（《孤獨者》）

既然不斷有新的作品產生，也就有發表的慾望。於是郁達夫就開始用假名字向各報館投稿。他第一次發表作品是在《全浙公報》上，被採用的是一首模仿宋人的五言古詩。他曾生動地回憶第一次發表作品時的情景：「當看見了自己綴聯起來的一串文字，被植字工人排印出來的時候，雖然是用的匿名，閱讀室裡也決沒有人會知道作者是誰，但心頭正在狂跳著的我的臉上，馬上就變成了朱紅。洪的一聲，耳朵裡也響了起來，頭腦搖晃得像坐在船裡。眼睛也沒有注意了，看了又看，看了又看，雖則從頭至尾，把那一串文字看了好幾遍，但自己還在疑惑，怕這並不是由我投去的稿子。再狂奔出去，上操場去跳繞一圈，回來重新又拿起那張報紙，按住心頭，復看一遍，這才放心，於是乎方始感到了快活，快活得想大叫起來。」

（《孤獨者》）可惜郁達夫早年的吟咏多已散佚，寫於一九一一年的三首咏史詩，是目前所能見到的最早的作品，茲錄於下：

楚雖三户竟亡秦，萬世雄圖一夕湮。
聚富咸陽終下策，八千子弟半清貧。

大度高皇自有眞，入關婦女幾曾親？
虞歌聲裡天亡楚，畢竟傾城是美人。

馬上琵琶出塞吟，和戎端的愛君深。
當年若賂毛延壽，那得詩人說到今。

年僅十六歲的郁達夫寫下的這些詩篇，充分顯示了他的文學才華和善於思考歷史經驗教訓的思想特點。

郁達夫作出從杭州返回家鄉自學以後，就在富春畔那座小樓裡，過著索居獨學的生活。他在這段時間裡學習是刻苦而有計劃的。每天清晨起床就先讀一小時英文，早飯後整個上午是讀中國書的時間，一部《資治通鑑》和兩部唐宋詩文醇就是他的課本，下午則看一點自然科學方面的書。這樣有計劃的刻苦自學，使他逐漸掌握了一門外語，同時進一步豐富了他的歷史、文學以及自然科學的知識。他說，這段獨居苦學，「對我的一生，卻是收穫最多，影響最大的一個預備時代」（《大風圈外》）。郁達夫正爲他未來的振翅奮發而預備著。

零餘者的嘆息——郁達夫

第二章　島國十年

一、負笈赴東瀛

一九一三年，郁達夫的長兄郁曼陀奉他所供職的北京大理院的派遣，赴日本考察司法制度，郁達夫趁此機會隨他東渡日本，開始他那長達十年的留學生活。事實上，富春江畔那寂寞的小樓，早已關不住這個年輕人的心了。他說：「即使沒有我那位哥哥的帶我出去，恐怕也得自己上道，到外邊來尋找出路。」（《海上》）

九月下旬的一個早晨，郁達夫帶了幾冊線裝的舊書，穿了一身半新的夾衣，隨著哥哥離開了家鄉。他們先到上海，住在一品香旅社，爲購買船票和應酬來往，忙碌了幾天。終於在一個清早，郁達夫和大哥曼陀、大嫂陳碧岑等從楊樹浦的滙山碼頭乘船去日本。當他看到祖國的海岸逐漸在天邊消失的時候，他「一點兒離鄉去國的悲感都沒有」，相反的，他終日站在甲板上，滿懷喜悅地凝望著遼闊無垠的大海，凌空翱翔的白鷗，西天的落日，秋夜的繁星，他「飽吸了幾天天空海闊的自由的空氣」，在他面前展現著廣闊的前程。

他們到達的第一個日本港口是長崎，接著又先後經過瀨戶、神戶、大坂、京都、名古屋等著名城市，一路上且玩且行，等到他們抵達東京，已經是十月底了。

在東京小石川區租屋住下後，郁達夫就在這一年的十一月進入神田的正則學校補習中學功課，晚上還到夜校學習三個鐘頭的日語。他從住處到正則學校要步行三里多路，天氣漸冷，皮鞋破了，在上海做的一套夾呢學生裝已無法禦寒，幸虧有一位同鄉送他一件日本陸軍士官學校的舊制服，他晴雨兩用，穿了一個冬天。

初到日本，生活上是很不習慣的。房子矮小，睡在舖地的席子上，小菜常常是幾塊同木片似的牛蒡，再加上語言不通，處處感到不便，到這時候，郁達夫「方才感到了離家去國之悲，發生了不可遏止的懷鄉之病」（《海上》）。他在一九一四年的元旦寫下了一首充滿鄉愁的詩篇：

逆旅逢新歲，飄蓬笑故吾。
百年原是客，半世悔爲儒。
細雨家山遠，高樓雁影孤。
鄉思無著處，一雁下南湖。

當時中國政府和日本教育當局曾有五校官費的協定。五校即指東京第一高等學校，東京高等師範學校，東京高等工業學校，千葉醫學專門學校，山口高等商業學校。凡是考上這五個學校的留學生，都由中國政府給予官費。東京第一高等學校還專爲中國留學生設有一年預備班，修滿之後就分發到八個高等學校與日本學生一起上課，三年畢業再進大學。因此，留學生只要能考上一高預科，以後一直到大學畢業爲止，每月的衣食零用都可以享受官費。郁達夫爲了爭取能有獨立的經濟來源，不再在經濟上依賴兄嫂，便下決心要考取官費，於是對補習的課程和日語，都加緊用功。從一九一四年三月以後，他改變了原來每晚十一時就寢的習慣，連夜攻讀，「有時候與教科書本煢煢相對，竟會到了附近的炮兵工廠的汽笛，早晨放五點鐘的夜工時，還沒有入睡。」這種拚命的努力終於使他實現了自己的願望。郁達夫回憶說：「這一年的夏季，我居然在東京第一高等學校的入學考試裡占取了一席。到了秋季始業的時候，哥哥因爲一年的考察期將滿，準備回國來復命，我也從他們的家裡，遷到了學校附近的宿舍。於八月底邊，送他們上了歸國的火車，領到了第一次的自己的官費。」（《海上》）

這一年和郁達夫同時考入一高預科的，還有郭沫若、張資平等。當時日本高等學校課程分爲三個部門，第一部爲文哲經政科，第二部爲理工科，第三部爲醫科。預科同樣也是這樣分科教授的。郁達夫考入時是第一部，後來聽了長兄曼陀的勸告，認爲將來醫生較有出路，又轉入第三部，因而有機會和郭沫若同班上課。

一九一五年夏天，郁達夫在一高預科畢業，他的成績是第三部的第四名。他被分發至名古屋的第八高等學校學習。八月初三夜他告別居住將近二年的東京時，寫了這樣一首詩寄贈他的友人：

蛾眉月上柳梢初，又向天涯別故居。
四壁旗亭爭賭酒，六街燈火遠隨車。
亂離年少無多淚，行李家貧只舊書。
夜夜蘆根秋水長，憑君南浦覓雙魚。

這時郁達夫的心情並不好，他後來回憶說：「離開東京，上日本西部的那個商業都會名古屋去進第八高等學校的時候，心裡眞充滿了無限的悲涼與無限的咒詛；對於兩三年前曾經抱了熱望，高高興興地投入到她懷裡去的這異國的首都，眞想第二次不再來見她的面。」（《雪夜》）

名古屋第八高等學校位於離開街市中心有兩三里地遠的東郊鄉下，這裡的中國留學生比較少。郁達夫進入八高時，學的仍然是醫科。但到了一九一六年秋，由於和長兄曼陀發生齟齬，爲了表示報復，郁達夫放棄了長兄建議他讀的醫科，又由第三部改回第一部文科，並重新從一年級開始。

郁達夫在東京一高預科和名古屋八高讀書期間，已在同學中顯示出他的聰穎的天資和出衆的才華。錢潮是與郁達夫一道考入東京一高預科的，後來又與他同時被分發到名古屋八高，他們一起度過了幾年同窗生活。他在《我與郁達夫同學》一文裡回憶了他當時對郁達夫的印象：「在一高預備班學習時，大概因爲是同鄉的關係，達夫和我比較接近。他給我最初的印象是：文質彬彬，風流倜儻，但有點神經質。達夫告訴我他對學醫興趣不高，讀醫科是他長兄郁華的主張。的確，達夫天資很高，聰敏博學，既對中國古典文學特別是詩詞有相當的造詣，又精通日語和德語，英語也不錯，他後來在名古屋讀書時，還經常去找德語教師談天，流利地用德語會話。」「初到名古屋八高，達夫住在學校的學生宿舍御器所村，……我們仍然經常接觸。達夫在八高頭一年，更加自由不羈了，不大去上課，經常喝酒作詩，每到星期天，更是獨自一人到郊外漫游，留連忘返，或者到公園裡高聲吟誦中外詩歌和自己的詩作，甚至達到忘乎所以的境地。」

錢潮還回憶起這樣一件事：「身在異國他鄉，我們都很想念家人。特別是達夫，三天兩天就給母親和長兄寫信。有一次我發現他母親的來信竟是用英文寫的，十分詫異，達夫對我說，他母親根本不識英文，中文字也識得很少，爲了能經常通信，他教母親用英文字母拼寫富陽話，因爲英語僅二十六個字母，比較容易記住和拼寫。這是一個出人意外的好辦法，我不禁大爲讚嘆，達夫的聰明，由此可見一斑。」

郁達夫在名古屋八高讀書期間，曾於一九一七年暑假回國一次。「去國今年剛四歲」，這是他離開祖國四年後第一次回鄉，心情自然是激動而又複雜的。他望著車外的景色，吟咏出這樣的詩句：「綠樹蔭中燕子飛，黃梅雨裡遠人歸。青衫零落烏衣改，各向車窗嘆式微。」去國四年的詩人，這次歸來，對故鄉的山水懷有特別親切的感情，因而他興致勃勃地遊西子湖，登莫干山；在家鄉富陽附近，他觀賞龍門出絕壁的萬丈飛瀑，俯看舒姑屛山下的秀麗風光，並且都爲它們寫下優美的詩篇。

返回日本後，郁達夫繼續在名古屋第八高等學校求學，並於一九一九年七月畢業，成績是三十四個同學中得第二十八名。

二、大海彼岸的愛和恨

郁達夫從名古屋第八高等學校畢業後，就升入東京帝國大學經濟學部。當時帝大經濟學部擁有較強的師資力量，像高野岩三郎、森戶辰男、大內兵衛、矢內原忠雄等，都是著名的學者。在濃厚的學術氣氛影響下，郁達夫曾一度發憤想撰寫一部《中國貨幣史》，但並未實現，因爲他的眞正興趣是在文學方面。他後來回憶帝大的學習生活的情景時說：「那時候生

活程度很低，學校的功課很寬，每天於讀小說之暇，大半就在咖啡館裡找女孩子喝酒。」（《五六年來創作生活的回顧》）

一九一九年九月，郁達夫接受長兄曼陀之勸，回國參加外交官和高等文官考試。他於九月和十月在北京先後參加這兩次考試，但都失敗了。這對平時自視甚高的郁達夫無疑是沉重的打擊。當他得知外交官考試失敗後，曾在九月廿六日的日記中憤懣地寫道：「庸人之碌碌者，反登台省；品學兼優者，被黜而亡！世事如斯，余亦安能得志乎？聞余此次之失敗，因試前無人為之關說之故。夫考試而必欲人之關說，是無人關說之應試者無可為力矣！取士之謂何？」他為此還寫了一首詩，抒發他的失望與不平：「江上芙蓉慘遇霜，有人蘭佩祝東皇。獄中鈍劍光千丈，垓下雄歌泣數行。燕雀豈知鴻鵠志，鳳凰終惜羽毛傷！明朝掛席扶桑去，回首中原事渺茫。」然而此時郁達夫還沒有徹底失望，人世的冰霜雖然損傷了他的「羽毛」，但尚未摧毀他的「鴻鵠志」，他下決心再去進行一次拼搏。十月十九日，他凌晨三點半就起床，迎著「微月一痕，濃霜滿地」，走進東華門，去參加高等文官考試。在進東華門時他懷著複雜的心情口占一絕云：「疏星淡月夜初殘，鐘鼓嚴城欲渡難。耐得早朝辛苦否？東華門內曉風寒。」但是這次仍然未被錄取。兩試不第，郁達夫感到莫名的悲哀。他在離京去國前夕寫一詩留別二哥養吾：「迹似飛蓬人似雁，東門祖道又離群。秋風江上芙蓉落，舊壘巢邊燕子分。薄有狂才追杜牧，應無好夢到劉蕡。明朝去賦扶桑日，心事蒼茫不可云。」郁達夫在詩中以唐代的劉蕡自比。劉蕡在對策時大膽地攻擊宦官專政，勸皇帝誅滅他們，對國家忠心耿耿，但卻不被取錄。郁達夫自比劉蕡，正反映了他懷才不遇、報國無門的內心痛苦。

郁達夫這次回到北京應試，恰好轟轟烈烈的「五四」愛國學生運動才發生不久，北京仍處處洋溢著異常生動的新文化運動的氣勢。《新青年》《每周評論》《新潮》等刊物上連續發表許多聲討封建禮教、鼓吹科學民主個性解放的文章；刊登出不少面貌一新的白話詩歌和小說；愛國青年集會、結社、演講、散傳單，熱情高漲；而胡適、陳獨秀、李大釗、魯迅等則成爲青年們心中崇敬的人物。青年郁達夫在北京期間強烈地感受到這種生氣蓬勃的時代氣息，並受到熏染和鼓舞。於是他情不自禁地於十月十三日給胡適寫了一封信，信中讚揚胡適等人所發起的「那一番文藝復興運動，已經喚起了幾千萬的同志者」，並向他表示，在自己所崇拜的人物中，「有一個就是你的名字」。這封信充分顯示郁達夫對先驅者們的敬仰和對襲捲中國大地的這一場新文化運動的擁護的態度。

在北京住了一個多月，郁達夫於一九一九年十一月返回日本。離京前他寫了一首《己未出都口占》：「蘆溝立馬怕搖鞭，默看城南尺五天。此去願牀千里足，再來不值半分錢。塞翁得失原難定，貧士生涯總可憐。寄語諸公深致意，涼風近在殿西邊。」郁達夫就是帶著這種深深的憤慨回到東京帝國大學經濟學部的課堂裡。

郁達夫雖曾回國參加外交官和高等文官考試兩試不第，但並不能由此說明他缺乏政治才能；像他這樣才華橫溢、品學兼優的青年，卻見棄於國家，報國無門，這正暴露了當時國內政治的腐敗。他自比劉蕡，或許他也認為自己是一個政治上有見解有膽識的人吧。事實也是如此，他在東京帝國大學讀書期間就曾顯示出自己的政治才能與膽識。和郁達夫同時在日本留學的浙江老鄉孫百剛曾這樣回憶說：「那時，在東京的中國留學生，常以神田區的中華留日學生青年會會館為聚會之所。一位姓馬的湖南人在主持會務。逢時逢節，留學生在那裡舉行懇親會、聯歡會、同鄉會等。有時也有學術演講，名人演講等。有一次由留日學生總會發起，請了當時日本赫赫有名的所謂『憲政之神』的尾崎行雄來會演講。尾崎長期當選為衆議院議員，歷任文部大臣、司法大臣、東京市長等職，以雄辯的『獅子吼』出名。那天留學生慕名而來者不下千人，座無隙地，盛極一時。不知尾崎講到一個有關中國的什麼問題時，有幾句諷刺中國的言詞。等尾崎講完一段後，忽然聽衆中有人站起來向台上質詢。態度的磊落，措詞的得體，持理的充足，觀點的正確；再加上日語的流利，聲調的激昂，博得全場經久不息的熱烈掌聲，當場贏得尾崎的道歉。這就是當時還在帝大讀書，我和他認識不久的郁達夫。」

「等到尾崎演講結束，我們很多熟人都跑到達夫跟前向他握手致敬，他自己也十分自得。從

此我更加欽佩他，知道他不僅有文學天賦，更有政治才能。」（《郁達夫外傳》）

一九二〇年夏，郁達夫回國，於夏曆六月初九和孫荃在富陽結婚。孫荃，原名蘭坡，小字潛媞，比郁達夫小一歲。他們結婚不久，郁達夫就患瘧疾。他後來在日記裡回憶說：「新婚未幾，病瘧勢危，斗室呻吟，百憂俱集。悲佳人之薄命，嘆貧士之無能。」（一九二〇年十一月二日日記）

郁達夫和孫荃的婚姻，是經歷一個相互逐漸了解感情逐漸深化的過程的。三年前，郁達夫還在名古屋讀書的時候，曾於一九一七年暑假回國一次。在家鄉度假期間，他和孫荃奉雙方家長之命訂了婚。雖然郁達夫對這種舊式的包辦婚姻並不滿意，但相處之後這位無邪的少女卻也使他感到依戀。在即將返回日本的前夕，「夜月明，成詩若干首，寄未婚妻某者也。」贈孫荃的詩共五首，都寫得情重意深，流露出依依惜別之情。其中的最後兩首是：「立馬江潯淚不乾，長亭訣別本來難。憐君亦是多情種，瘦似南朝李易安。」「一紙家書抵萬金，少陵此語感人深。天邊鴻雁池中鯉，切莫臨風惜爾音。」

郁達夫和孫荃自從訂婚以後，三年來感情是愈來愈深。他們身居兩地，相隔遙遠，但卻不斷以書信來往、詩歌唱和來維繫和發展他們的感情。孫荃原名蘭坡，「荃」名是郁達夫贈她的。郁達夫在《贈名》一詩裡寫道：「贈君名號報君知，兩字蘭荃出楚詞。別有傷心深意在，離人芳草最相思。」孫荃亦粗通音韻，有時她將自己的詩作寄來給未婚夫，郁達夫就爲她修改。因而來往唱和常常成爲這一對遠隔重洋的青年男女談情說愛的特殊方式。如有一次孫荃寄了一首題爲《有感》的詩作給郁達夫：「笑不成歡獨倚樓，懷人望斷海南州。他年縱得封侯印，難抵春閨一夜愁。」這種深情的怨嘆感動了郁達夫，他即寫了一首《寄和荃君》：「客裡逢春懶上樓，無端含淚去神州。阿儂亦是多情者，碧海青天爲爾愁。」

隨著了解的加深和感情的加濃，郁達夫將孫荃視爲可以在險惡人世中傾訴衷腸的知己。一九一九年他回國兩試不第，受到很大刺激，十分痛苦，回日本後有一段時間較少給孫荃寫信，後來才在信中說：「……因意氣消沉，無面目再與汝書耳，諒之宥之。」又說：「青山隱隱，憶煞江南，遊子他鄉，何年歸娶？君爲我傷心，我亦豈能無所感於懷哉！渭北江東，離情固相似耳，幸勿喚我作無情。」在另一封信裡又說：「文少時曾負才名，自望亦頗不薄，今則一敗塗地，見棄於國君，見棄於同袍矣，傷心哉！傷心哉！」

郁達夫自訂婚以後，三年中他寫給孫荃許多情意綿綿的詩篇，傾吐他的心曲，訴說他的相思。有了這一段時間的感情積累與交流，應該說，他們的婚姻是已具有相當的感情基礎的。因此，在一九二〇年郁達夫回國與孫荃舉行合巹之禮時，可以說已是水到渠成了。這年七月郁達夫曾寫《春閨兩首》：「夢來啼笑醒來羞，紅似相思綠似愁。中酒情懷春作惡，落花庭院月如鈎。妙年碧玉瓜初破，子夜銅屏影欲流。懶捲珠帘聽燕語，泥他風度太溫柔。」「豆蔻花開碧樹枝，可憐春淺費相思。柳梢月暗猜來約，籠裡雞鳴是去時。錦樣文章懷宋玉，夢中鸞鳳惱西施。明知此樂人人有，總覺兒家事最奇。」這兩首詩作或許能透露郁達夫新婚生活的某些感受。

同時我們也不能不看到，郁達夫對待女性，又常常是採取一種泛愛的態度的。他當時的詩作中就有一些是寫贈幾位日本女子的。而名古屋八高讀書時的同學錢潮有一次去郁達夫的住處，「沒想到他與一個年輕的日本女子住在一起，使我大吃一驚。」（《我與郁達夫同學》）從今天看來，郁達夫對女性的這種泛愛態度是不足取的，然而這種現象在當時的出現又是有著極其複雜的社會的思想的原因的：舊社會一夫多妻合法化的婚姻制度，我國古代市民文學中描寫的才子名士恃才不羈的遺風，以及瀰漫在當時中國留日學生中間的不良風氣等都是形成這一現象的原因。我們認爲，在強調郁達夫對孫荃感情的眞摯時指出他對女性的泛愛態度這一面是完全必要的，只有這樣我們才能看到郁達夫眞實的複雜的面貌。

三、櫻花下的冷眼與友情

郁達夫留學日本期間，和日本社會以及各階層的日本人有較廣泛的接觸；這段時間，郁達夫也正由少年時代步入青年時代，他在日本的各種經歷，對他的思想、性格、氣質的形成也必然會產生直接的影響。

當時的中國，由於政府的腐敗與無能，正遭受各帝國主義國家極其野蠻的蹂躪與凌辱，「馬關條約」、「辛丑條約」、「二十一條」等喪權辱國的條約的先後簽訂，使中國成爲一頭毫無抵抗力的任憑列強宰割的羊。中國的國際地位日益低落。在這種背景下，郁達夫在日本學習和生活，他就能特別敏感地意識到作爲一個弱國子民的屈辱的社會地位。當時的日本，有一部分懷有狹隘民族感情的日本人對中國人抱有強烈的歧視和鄙夷的情緒，他們視中國爲愚昧落後的劣等民族，視廣大華人爲低人一等的「東亞病夫」。而那些飄泊重洋到日本留學的中國學生，也由於祖國母親的瘦弱與憔悴，而從心中升起嚴重的自卑感。郁達夫在日本留學期間，親身感受到這種民族歧視的寒冷氣氛，沉重的民族自卑感也常常壓得他喘不過氣來，使他沉浸在意識到「國際地位落後的大悲哀」中。

同時，對於剛剛進入青年期而又多愁善感的郁達夫這個具體的人，這種因民族歧視而產生的羞恥和自卑又往往是從男女間的關係中敏感地反映出來。他說：「是在日本，我開始看清了我們中國在世界競爭場裡所處的地位；……而國際地位不平等的反應，弱國民族所受的侮辱與欺凌，感覺得最深切而亦最難忍受的地方，是在男女兩性，正中了愛神毒箭的一剎那。」

他又說，在和日本少女接觸中，她們「一聽到了弱國的支那兩字，那裡還能夠維持她們的常態，保留她們的人對人的好感呢？支那或支那人的這一個名詞，在東鄰的日本民族，尤其是妙年少女的口裡被說出的時候，聽取者的腦裡心裡，會起怎麼樣的一種被侮辱，絕望，悲憤，隱痛的混合作用，是沒有到過日本的中國同胞，絕對地想像不出來的。」（《雪夜》）

面對著貧弱的祖國，感受到因祖國的國際地位低下而帶來的切膚之痛，郁達夫是多麼迫切地期望自己親愛的祖國會儘快地富強起來，從屈辱中站起，昂首挺胸地屹立於世界民族之林；而作爲她的兒女也能有揚眉吐氣的一天。因而，他在日本寫作的不少詩篇，都深沉地傾吐他對於貧弱的祖國的關切與熱愛。這裡，既有痛苦的嘆息，也有焦急的期待；既曉以民族大義，也尋找救國途徑。讓我們聆聽郁達夫深情的歌唱：「猛憶故園寥落甚，煙花撩亂怯登樓」（一九一三年）；「茫茫煙水回頭望，也爲神州淚暗彈」（一九一五年）；「須知國破家無寄，豈有舟沉櫓獨浮！舊事厓山殷鑒在，諸公何計救神州？」（一九一六年）；「文章如此難醫國，嘔盡丹心又若何？」（一九一八年）；「相逢客館只悲歌，太息神州事奈何！」（一九二〇年）。我們從這些感人肺腑的詩行中，所感受到的正是詩人燃燒於心中的滾燙的愛國熱情。

當然，郁達夫在日本所遇見的，也不完全都是冷眼和鄙視。應該說，當時大部分普通的日本人對中國學生是友好的，郁達夫在生活上得到他們照顧，在學習上得到他們幫助，他和許多日本人建立了深厚的友誼。他在日本所寫的詩作中，就有許多是贈送給日本友人的。其中有名古屋第八高等學校的木津老師，有漢文先生松本君，有他的日本同學們，有《太陽》雜誌的編輯高野竹隱，有詩友日本老人尾張不埭和須磨香國，有名古屋愛知病院的日本女看護等。郁達夫還曾參加佩蘭吟社，和一些日本詩友唱和。當時著名的漢詩人服部擔風就是和郁達夫在詩詞往來中建立了親密友誼的。擔風比郁達夫年長近三十歲，但卻和他成爲忘年之交。擔風非常器重達夫的才華，達夫也十分仰慕擔風。他們以詩會友，一見如故。郁達夫拜訪擔風時寫了一首詩：「行盡西郊更向東，雲山遙望合還通。過橋知入詞人里，到處村童說擔風。」擔風也次韻和詩一首：「弱冠欽君來海東，相逢最喜語音通。落花水榭春之暮，話自家風及國風。」他們相互愛慕，郁達夫稱讚擔風是「詩壇第一人」，「先生意氣眞」，擔風對郁達夫的詩也作過很高評價。郁達夫常參加擔風主持的集會。有一次，「他出席了擔風主持的佩蘭吟社在桑名愛宕樓……舉行的中秋賞月的宴集，在席上他最先成七律一首，驚倒四座，諸家都記得這件事。」（據稻葉昭二：《郁達夫——他的青春和詩》）郁達夫曾應擔風之邀爲其所作的《織女春思圖》《紅閨夜月圖》《楊妃醉臥圖》《文姬歸漢圖》等畫題詩，離別時擔風將自己所畫的梅花贈送給郁達夫，這位年輕的中國留學生則以詩回贈：「春風南浦黯銷魂，話別來敲夜半門。贈我梅花清幾許，此生難報丈人恩。」此外，郁達夫和其他一些日本的漢詩人也有較深的交誼，因而在他即將離開名古屋時寫了一首《留別佩蘭吟社同人》：「高樓風雨憶平津，香草筵前酒幾巡。何事離人腸欲斷，旗亭月色夜來新。」流露出惜別的情緒。郁達夫和服部擔風的忘年交，以及他和衆多日本普通人的友好交往，都是中日人民友誼的歷史見證。

日本是一個具有豐富的文化傳統的國家，像郁達夫這樣富於藝術敏感的人，會像海棉吸水那樣，盡量地吸取異國優秀文化的營養，化爲自己的血肉，陶冶自己的素質。郁達夫剛到日本不久，就被日本的傳統歌劇淨琉璃所感動。對於日本的詩歌俳句，郁達夫也是很欣賞的。他說：「至於後來興起的俳句哩，又專以情韻取長，字句更少——只十七字母——而餘韻餘情，卻似空中的柳浪，池上的微波，不知所自始，也不知其所終，飄飄忽忽，裊裊婷婷；短短的一句，你若細嚼反芻起來，會經年累月的使你如吃橄欖，越吃越有回味。」他對於日本傳統舞的單純清淡的風格也極讚賞：「你眼看著台上面那種舒徐緩慢的舞態——日本舞的動作並不複雜，並無急調——耳神經聽到幾聲琤琤琤與冬冬篤拍的聲音，卻自然而然的會得精神振作，全身被樂劇場面的情節吸收過去。」至於日本的某些歌曲，則曾經異常強烈地搖撼過詩人的心魄。郁達夫回憶道：「還有秦樓楚館的清歌，和著三味線太鼓的哀者，你若當燈影闌珊的殘夜，一個人獨臥在水晶帘捲近秋河的樓上，遠風吹過，聽到它一聲兩聲，眞像是猿啼雁叫，會動蕩你的心腑，不由你不撲簌簌地落下幾點淚來；這一種悲涼的情調，也只有在日本，也只有從日本的簡單的樂器和歌曲裡，才感味得到。」（《日本的文化生活》）此外，還有那富於日本民族特色的茶道、和服、櫻花、野遊等，也都給郁達夫留下深刻的印象。郁達夫曾寫過十二首《日本謠》，抒寫他對若干日本風物的印象，發表於《新愛知新聞》等刊物上，服部擔風附了這樣的評語：「郁君達夫留學吾邦猶未出一二年，而此方文物事情，幾乎無不精通焉。自非才識軼群，斷斷不能。日本謠諸作，奇想妙喻，信手拈出。絕無矮人觀場之憾，轉有長爪爬癢之快。一唱三嘆，舌擠不下。」

郁達夫在日本雖曾感到屈辱和隱痛，但日本普通人的眞誠友誼，絢爛多彩的傳統文化，卻又使他感到親切和依戀。他說，在日本住了幾年，「則這島國的粗茶淡飯，變得件件都足懷戀；生活的刻苦，山水的秀麗，精神的飽滿，秩序的整然，回想起來，眞覺得在那兒過的，是一段蓬萊島上的仙境裡的生涯。」（《日本的文化生活》）郁達夫在日本十年間，無論是民族歧視的刺痛，還是友誼的溫暖，文化的魅力，都會對他的思想性格氣質的形成產生直接的影響。

四、獻給文壇的花束

在日本留學期間，郁達夫有機會大量閱讀文學作品。如果說，在國內讀書時林琴南翻譯的外國小說尚暫時未能引起他的興趣，那麼，到了日本以後，文學寶庫中的外國名著就以其炫目的光彩而使郁達夫震驚了，於是他如飢似渴地閱讀了許多優秀的世界文學名著。郁達夫接觸西洋文學是從屠格涅夫詩情濃郁的小說開始的。他回憶說，在東京第一高等學校預科讀書期間，「這一年的功課雖則很緊，但我在課餘之暇，也居然讀了兩本俄國杜兒葛納夫的英譯小說，一本是《初戀》，一本是《春潮》。」他又說：「和西洋文學的接觸開始了，以後就急轉直下，從杜兒葛納夫到托爾斯泰，從托爾斯泰到獨思托以夫斯基，高爾基，契訶夫。更從俄國作家，轉到德國各作家的作品上去，後來甚至於弄得把學校的功課丟開，專在旅館裡讀當時流行的所謂軟文學作品。」「在高等學校裡住了四年，共計所讀的俄德英日法的小說，總有一千部內外，後來進了東京的帝大，這讀小說之癖，也終於改不過來。」（《五六年來創作生活的回顧》）

郁達夫閱讀外國文學作品的數量是非常驚人的，這在當時的留學生界已頗爲聞名。他的同學郭沫若回憶說：「達夫很聰明，他的英文德文都很好，中國文學的根柢也很深，……我們感覺著他是一位才士。他也喜歡讀歐美的文學書，特別是小說，在我們的朋友中沒有誰比他更讀得豐富了。」（《論郁達夫》）鍾敬文也回憶說：「達夫先生在帝大是學經濟的。……他的閱讀興味主要是在小說上。仿吾先生曾經告訴過我，他在帝大讀過三千本以上的小說。當時我聽了雖然很感佩，卻多少不免有些懷疑。後來在東京也間接聽朋友轉述了帝大一位圖書館員所說的話。他說，達夫先生在那裡借閱的小說的數量，後來很少人能夠追趕上去。」（《憶達夫先生》）

在廣泛閱讀的許多外國文學作品中，有幾位外國作家的作品特別受到郁達夫的青睞。俄國的屠格涅夫是郁達夫最喜歡的外國作家。他說：「在許許多多古今大小的外國作家裡面，我覺得最可愛、最熟悉，同他的作品交往得最久而不會生厭的，便是屠格涅夫。這在我也許是和人不同的一種特別的偏嗜，因爲我的開始讀小說，開始想寫小說，受的完全是這一位相貌柔和，眼睛有點憂鬱，落腮鬍長得滿滿的北國巨人的影響。」（《屠格涅夫的〈羅亭〉問世以前》）郁達夫在向中國讀者介紹屠格涅夫的工作中也作出自己的貢獻。後來他曾發表《屠格涅夫的〈羅亭〉問世以前》、《屠格涅夫的臨終》等文章，翻譯了屠格涅夫的著名論文《哈孟雷特和堂吉訶德》，向讀者介紹屠格涅夫的生平和思想。他還曾有親自翻譯《羅亭》《春潮》《煙》的計劃，可惜終於沒有實現。

德國的施托姆（Theodor Storm）是郁達夫喜歡的又一個外國作家。二十年代施托姆的小說《茵夢湖》在中國讀者中曾激起了一陣熱潮。郁達夫是最早將施托姆介紹給中國讀者的作家之一，早在一九二一年他就在《文學句刊》上發表《〈茵夢湖〉的序引》一文，介紹施托姆的生平和創作。他還親自譯過施托姆的短篇小說《馬爾戴和她的鐘》。據黃賢俊回憶，郁達夫對施托姆的生平經歷十分熟悉，甚至能說出他的父母以及好友的名字，還能用德文背誦《茵夢湖》中的小詩。（《長天渺渺一征鴻》）郁達夫在介紹施托姆的文章裡曾生動地談到自己閱讀這位作家的小說的沉醉迷戀的情況。他說：「我們把他的短篇小說來一讀，無論如何，總不能不被他引誘到一個悲哀的境界裡去。我們若在晚春初秋的薄暮，拿他的《茵夢湖》來夕陽的殘照裡讀一次，讀完之後就不得不惘然自失，好像是一層一層的沉到黑暗無光的海底裡去的樣子。……若把獨斯托伊婦斯克（現通譯爲陀思妥耶夫斯基——引者）的小說來比嚴冬的風雪，盛暑的狂雷，那麼就不得不把施托姆的小說來比春秋的佳日，薄暮的殘陽。」他稱《茵夢湖》是「千古不滅的傑作」。

法國的盧騷在郁達夫的心目中可以說是達到崇拜的程度。他說：「法國也許會滅亡，拉丁民族的文明，言語和世界，也許會同歸於盡，可是盧騷的著作，直要到了世界末日，創造者再來審判活人死人的時候止，才能放盡它的光輝。」（《盧騷傳》）他喜歡《懺悔錄》，這部書「使人讀了，沒有一個不會被他所迷，也沒有一個不會和他起共感的悲歡的。」而《一個孤獨漫步者的沉思》則使他讀後深受感動。他說這部書「實在是最深切，最哀婉的一個受了傷的靈魂的叫喊。……讀到此書，總沒有一個禁得住不爲他或自己而落淚的。」（《盧騷的思想和他的創作》）

除了以上三位作家外，郁達夫較喜愛的外國作家還有英國頹廢派詩人道森（E・DOWSON），德國的林道（Rudolph Lindau），英國的王爾德（Oscar Wilde），美國的梭羅（Henry David Thoreau），以及日本的佐藤春夫、葛西善藏、田山花袋等，所有這些外國作家對郁達夫的文學創作都不同程度地產生了影響。

郁達夫要求文學創作的欲望早就產生了。「九歲題詩四座驚」。而且從此以後也的確不斷寫出不少好詩，他的詩作受到日本漢詩家的稱讚。這些詩作是郁達夫文學創作值得珍視的一部分。現在，在郁達夫大量閱讀小說的過程中，他又逐漸產生寫作小說的衝動了。他在八高讀書時曾試寫過一篇題爲《金絲雀》的短篇小說，還計劃寫一篇《相思樹》，但有的未能完成，有的未能發表和保留。然而這些都爲他的小說創作作了十分有益的藝術準備。

一九二一年初，郁達夫就正式向文壇奉獻出他的第一篇小說《銀灰色的死》。他在一九二一年七月寫的一篇文章裡說：「銀灰色的死是我的試作，便是我的第一篇創作，是今年正月初二脫稿的。」（《沉淪・自序》）這篇作品寫出後便寄給上海《時事新報》的副刊《學燈》，半年後才以「T.D.Y」的署名發表。郁達夫在寫完《銀灰色的死》以後，又於五月寫出他的代表作《沉淪》，於七月寫出三萬多字的小說《南遷》。並於這年十月將這三篇小說合印成單行本，書名《沉淪》，它是五四新文學運動以後出版的第一部小說集。

《沉淪》中的作品，較集中地反映了郁達夫的生活積累和內心體驗。作者在《懺餘獨白》一文裡比較詳細地談到自己寫作這些小說時的心情。他說：「人生從十八九到二十餘，總是要經過一個浪漫的抒情時代的，當這時候，就是不會說話的啞鳥，尚且要放開喉嚨來歌唱，何況乎感情豐富的人類呢？我的這抒情時代，是在那荒淫慘酷，軍閥專權的島國裡過的。眼看到的故國的陸沉，身受到的異鄉的屈辱，與夫所感所思，所經所歷的一切，剔括起來沒有一點不是失望，沒有一處不是憂傷，同初喪了夫主的少婦一般，毫無氣力，毫無勇毅，哀哀切切，悲鳴出來的，就是那一卷當時很惹起了許多非難的《沉淪》。」「所以寫《沉淪》的時候，在感情上是一點兒也沒有勉強的影子映著的；我只覺得不得不寫，又覺得只能照那麼地寫，什麼技巧不技巧，詞句不詞句，都一概不管，正如人感到了痛苦的時候，不得不叫一聲一樣，又那能顧得這叫出來的一聲，是低音還是高音？或者和那些在旁吹打著的樂器之音和洽不和洽呢？」

《沉淪》裡的三篇小說，都以在日本的中國留學生的生活爲題材，通過叙寫他們在愛情方面的悲劇性的故事，反映生活在異國的留學生所身受的屈辱與內心苦悶；同時也表現作者對這些海外孤兒的深切同情和對祖國母親的熱烈期望。《銀灰色的死》寫留日學生Y君的妻子在國內患病死去，爲了排遣心中的苦痛，他常到酒館去痲醉自己。後來他認識酒館主人的善良的女兒靜兒，得到她的同情與安慰。但不久靜兒出嫁，Y更受刺激，終因腦溢血而死在灑滿銀灰色月光的路上。《沉淪》的主人公由於祖國的極端貧弱和在國外受到異族的歧視，因而形成多愁善感、孤獨自卑的性格；他熱愛生活卻又不被人理解，才華橫溢卻又無所作爲，渴望愛情卻又沒有膽量傾吐，因而他變態、自戕，甚至進出妓院，終於懷著無限的悔恨和深沉的失望投海自殺，在向世界告別時還喊出希望祖國早日富強的撕裂人心的呼號。《南遷》寫留日學生伊人在休養地邂逅一個日本女學生O，他們同病相憐，逐漸產生愛情，這給伊人孤冷的生活帶來一些慰藉和暖意，但這種純潔的愛情卻遭受到一個日本青年K的惡意中傷和攻擊，伊人也因極端失望而患病掙扎於死亡線上。郁達夫曾說這小說裡有些描寫是暗示「日本的國家主義對於我們中國留學生的壓迫」（《沉淪・自序》）。

這三篇小說的總主題是：對愛的渴望和這種渴望的不能實現。它反映了當時許多身受民族歧視、迫切需要愛撫但卻感受不到祖國溫暖的愛國青年的苦悶情緒。當這一主題在作品中通過眞誠的情感、生動的形象、淡淡的感傷、滾燙的熱情、流暢的結構、清新的語言的藝術方式表現出來時，它就在青年讀者中引起強烈的共鳴，在中國文壇產生極大的震動。

對於這本小說集的反應並不是完全一致的。廣大青年歡迎它，短短的時間內就銷行兩萬多冊。但也有一些人辱罵作者「誨淫」，誣作品是「不道德的小說」。這時周作人以「仲密」筆名在北京《晨報副刊》上發表文章爲郁達夫申辯，他指出《沉淪》絕不是不道德的文學，而「是一件藝術的作品」。成仿吾也發表《〈沉淪〉的評論》，對作品作充分肯定。指出它「不僅在出世的年月上是第一，他那種驚人的取材與大膽的描寫，就是一年後的今天，也還不能不說是第一。他的價値是大家都已經知道的了。」郁達夫後來說，《沉淪》出版後，「所受的譏評嘲罵，也不知有幾十百次。後來周作人先生，在北京的晨報副刊上寫了一篇爲我申辯的文章，一般罵我誨淫，罵我造作的文壇壯士，才稍稍收斂了他們痛罵的雄詞」（《雞肋集．題辭》）。

郁達夫就這樣在熱烈的反響中向中國文壇奉獻上一束色彩絢麗的鮮花。

第三章 「創造」年月

一、在「創造」的旗幟下

一九二一年六月，幾名中國留日學生經過一年多的醞釀，在東京郁達夫的住處成立了一個倡導新文學的團體，它的成員除東京帝國大學的郁達夫外，還有九州帝國大學醫科學生郭沫若，東京帝大造兵科學生成仿吾，地質科學生張資平，東京高等師範學生田漢，以及京都第三高等學校學生鄭伯奇等。這次集會決定這個文學團體以「創造社」命名，並籌備編輯出版文學刊物《創造》季刊和出版「創造社叢書」，而《沉淪》和郭沫若的《女神》等則被列為該「叢書」的第一批印行。從此，我國現代文學歷史上具有重大影響的創造社就開始其生氣蓬勃的活動。

創造社成立以後，郭沫若就帶著出版刊物的計劃回國。不久，郁達夫收到郭沫若從國內來信，要推荐他到安徽省安慶法政學校擔任月薪二百大洋的英文教員，同時遙領泰東書局的編輯，主持《創造》季刊的編務。郁達夫當時是帝大經濟學部三年級生，將屆畢業，平時可以不必上課，只要按時參加考試就行，因此回信表示同意，並在接到滙來的路費後於一九二一年九月初回國，暫住在上海馬霍路泰東圖書局編譯所裡。郭沫若向他交代了《創造》季刊的編輯事務以後就又轉回日本，郁達夫立即承擔起創刊號的準備工作。

郭沫若離開上海後，郁達夫雷厲風行，沒有幾天就草擬出一份《創造》季刊的出版預告，刊在一九二一年九月廿九日上海《時事新報》上。預告裡云：「自文化運動發生後，我國新文藝爲一二偶像所壟斷，以致藝術之新興氣運，澌滅將盡，創造社同人奮然興起打破社會因襲，主張藝術獨立，願與天下之無名作家，共興起而造成中國未來之國民文學。」這個出版預告簡直是一份宣言書，它宣告一支自願加入到向「社會因襲」作戰陣列的年輕文學新軍已在中國文壇出現。郁達夫在發出《創造》季刊出版預告後，就動身赴安慶法政學校任教，同時積極準備創刊號的發稿。經過幾個月的努力，一九二二年二月他編完《創造》季刊第一期，這期刊物排出強大的陣容：有郭沫若的詩作，田漢的劇本，張資平的小說，以及成仿吾、鄭伯奇等的作品，而郁達夫則以自己的力作——小說《茫茫夜》爲這期刊物壓卷。

在創刊號編完發稿以後，郁達夫就於一九二二年三月一日從上海動身赴日本，參加東京帝國大學經濟部的畢業考試，並於四月在帝大畢業，取得經濟學士的學位。他本打算再進帝大文學部繼續深造，後未實現，決定回國，從而結束了整整十年的留學生活。當他在一九二二年七月踏上歸國的旅途時，心中湧起一種莫名的悵惘和離愁：「十年久住的這海東的島國，把我那同玫瑰露似的青春消磨了的這異鄉的天地，我雖受了她的凌辱不少，我雖不願第二次再使她來吻我的腳底，但是因爲這厭惡的情太深了，到了將離的時候，我倒反而生起一種不忍與她訣別的心來。」（《中途》）

郁達夫回國後又再到安慶法政專門學校任職，他一面教學，一面創作。在安慶工作一個學期，一九二三年春，他就卸職回到上海，全心全意投入創造社的事業中去。這時，創造社的另外幾位成員如郭沫若、成仿吾等也都在上海。郁達夫同他們一道，全力以赴，把創造社的事業搞得轟轟烈烈。除了已經出版的《創造》季刊外，他們又於一九二三年五月創辦《創造周報》，投入更加緊張的工作：「每周要發一次稿，我們最爭的是頭一篇，三個人輪流著做，都感覺著有點青黃不接。又要由自己校對，自己跑印刷所，禮拜一發稿，禮拜三送初校，禮拜五送二校，禮拜六送三校，禮拜日出版。弄得整整一個禮拜全沒有空閑的時間。」（郭沫若《創造十年》）。雖然工作已經異常忙碌，但這幾個年輕人卻仍雄心勃勃，於七月份又應《中華新報》之約，爲它每天編一版文學副刊，定名爲《創造日》。這個日刊主要由郁達夫、成仿吾主持。郁達夫爲創刊號寫了一篇《創造日宣言》，表明刊物的立場，其中說：「我們想以純粹的學理和嚴正的言論來批評文藝政治經濟，我們更想以唯眞唯美的精神來創作文學介紹文學。現代中國的腐敗的政治實際，與無聊的政黨偏見，是我們所不能言不屑言的。」「我們這一欄是世界人類共有的田園，無論何人，只須有眞誠的精神和美善的心意，都可以自由來開墾。」由於這幾位年輕人的辛勤緊張的工作，《創造周報》共出版五二期，《創造日》出版一〇一期。

這時，創造社以極少的人手，卻同時編輯、刊行季刊、周刊、日刊三種刊物，這是非常不容易的。然而它卻成爲這個文學團體成立以後最活潑、最興旺的鼎盛時期，在這中間，郁達夫付出了巨大的精力和心血，作出了突出的貢獻。當然，他們的辛勤勞動是受到廣大讀者的重視和歡迎的，創造社的刊物銷數不斷增加，屢次重版，創造社的聲譽也日益提高。陳翔鶴曾回憶說：「自從《創造周報》出版以後，青年人對創造社諸人的崇敬和喜愛，不覺便更加強烈起來。這從每到星期日，在上海四馬路泰東書局發行部門前的成群集隊的青年學生來購買《創造周報》的熱烈，便可窺得一個梗概。」（《郁達夫回憶瑣記》）青年讀者的熱烈歡迎正是對創造社諸人的辛苦勞動的最高報償。

一九二三年秋，郁達夫應北京大學的聘請，去擔任統計學講師。他的離去將使蒸蒸日上的創造社的事業失去台柱，所以郭沫若竭力勸留，但郁達夫態度很堅決，這主要是因爲他當時沒有固定職業和收入，而妻兒的溫飽，一家老小的生活都需要他操心，去北大任教，畢竟可以有比較穩定的收入。正如鄭伯奇後來回憶時說：郁達夫當時「沒有其他職業，專憑老板的高興，或多或少地施捨一點零用錢，那當然是絕對不能忍受的，而且事實上也絕難長此生活下去。達夫爲了教幾點鐘課堅決去北京，現在想起來，那種心情也是可以理解的了。」（《憶創造社》）郁達夫心裡是十分痛苦的，他後來不無負疚地對成仿吾說：「朋友的中間，想起來，實在是我最利己。無論如何的吃苦，無論如何的受氣，總之在創造社根基未定之先，是不該一個人獨善其身的跑上北方去的。」（《送仿吾的行》）然而沒有最必需的生活保證，一個人是難以全身心投入自己的事業的，郁達夫就這樣於十月初乘船離滬赴天津轉北京，爲謀生孤身北上，離開了朝夕相處的朋友和正處於紅火興旺的事業。

讓一個熱愛文學的人去講授統計課程，差距的確太大。郁達夫對自己在北大的工作感到無聊和乏味。他當時對陳翔鶴說：「你以爲我教的是文學嗎？不是的，『統計』。統什麼計，眞正無聊之極！」他到北京後兩個月寫給郭沫若和成仿吾的信中說：「現在我名義上總算已經得了一個職業，若要拚命幹去，這幾點鐘學校的講義也盡夠我日夜的工作了。但是我一拿到講義稿，或看到第二天不得不去上課的時間表的時候，胸裡忽而會咽上一口氣來，正如酒醉的人，打轉飽嗝來的樣子。我的職業，覺得完全沒有一點吸收我心意的魔力。對此我怎麼也感不出趣味來。講到職業的問題，我覺得倒不如從前失業時候的自在了。」（《一封信》）

一九二五年初，郁達夫赴武昌擔任武昌師範大學文科教授。這次他不再講授自己也覺得索然寡味的統計學了，他擔任的是自己愛好的文學課程，但是他在這個學校過得並不愉快，因爲他遭受到一部分舊教職員的攻擊。十年後他在一篇文章裡回憶說：「十幾年前，我在武昌大學教書。當時有幾個湖北的學棍，同幾位在大學裡教《東萊博議》、《唐詩三百首》的本地末科秀才，結合在一道，日日在尋仇想法，想把當我們去後，重新爭得的每月幾萬元學款，侵占去分肥私用。這幾位先生的把持學校，壓迫和賄買學生的卑鄙醜惡，……實在是明目張膽，在把學校當作升官發財的錢莊看的緣故。我看得氣起來了，覺得同這一種禽獸在一籠，同事下去，一定會把我的人性，也染成獸色。因而在有一次開會的席上，先當面對它們——那些禽獸——加了一場訓斥；然後又做了一篇通信，把它們的內幕揭了揭穿，至於我自己哩，自然是袱被渡江，順流東下了。」（《追懷洪雪帆先生》）

一九二五年十一月，郁達夫離開武昌，回到上海，他終於又回到創造社的朋友中來。正當他爲創造社的發展而繼續奔忙時，突然肺病復發，只好回富陽、杭州治療。翌年年初，病情有了好轉，他又到了上海，和郭沫若一起投入《創造月刊》的創刊和編輯工作。郁達夫還爲這個刊物的創刊號寫了一篇《卷頭語》，嚴正地宣告了刊物的立場和態度。他說：「我們的志不在大，消極的就想以我們無力的同情，來安慰安慰那些正直的慘敗的人生的戰士，積極的就想以我們的微弱的呼聲，來促進改革這不合理的目下的社會的組成。」經郁達夫等人的努力，創造社的又一種刊物《創造月刊》終於出版。但第一期才出版兩天，郁達夫就和他的朋友郭沫若、王獨清一道，於一九二六年三月十八日離開上海，奔赴大革命的策源地廣州去了。

二、顯示「創造」的輝煌

一個文學社團在文壇上能產生多大影響，在文學發展歷史中占有怎樣的位置，除了看它作爲一個團體能夠開展多少有利於文學繁榮的活動外，歸根到底還是要看它的成員能爲讀者提供多少優秀的文學作品。郁達夫對創造社這個文學社團的存在和發展作出不可磨滅的貢獻，他爲促成它的建立忙碌奔波，爲編輯多種刊物付出心血，爲應付繁雜的社務耗費精力，這些都是有目共睹的事實。而郁達夫在參加創造社以後寫出了一系列具有高度思想藝術水平的優秀作品，顯示了「創造」的實績，在讀者中產生轟動和影響，爲創造社贏得巨大聲譽，應該說，這是郁達夫爲創造社所作出的貢獻中最爲重大的貢獻。

郁達夫從一九二一年參加創造社到一九二六年離滬去廣東，在不到五年時間內，他在日本、上海、安慶、北京、武漢等地，陸續寫出了二十多篇小說和爲數不少的散文。他在回顧自己的創作生活時對這幾年的寫作狀況曾有較詳細的敘述。他說：「一九二二年回國以後，另外也找不到職業，於是做小說賣文章的自覺意識，方才有點抬起頭來了。接著就是《創造》周報季刊等的發行，這中間生活愈苦，文章也做得愈多，一九二三的一年，總算是我的Most Productive的一年，在這一年之內，做的長短小說和議論雜文，總有四十來篇。……這一年的九月，受了北大之聘；到北京之後，因爲環境的變遷和預備講義的忙碌，在一九二四年中間，心裡雖感到了許多苦悶焦燥，然而作品終究不多。」「一九二五年，是不言不語，不做東西的一年。」（《五六年來創作生活的回顧》）儘管在不同的時間裡創作的成績和收穫並不平衡，但郁達夫創作生涯中的某些優秀代表作品卻在這個時期誕生了。

從參加創造社到帝大畢業回國，郁達夫的作品並不多。除了幾篇散文和譯作外，他所寫的小說有《胃病》（一九二一年七月）、《茫茫夜》（一九二二年二月）、《懷鄉病者》（一九二二年四月）、《風鈴》（一九二二年七月改作）、《秋柳》（一九二二年七月初稿）等篇。這段時間，郁達夫並未結束帝大的學業，但由於中途回國編輯刊物和到安慶教書，有機會初步接觸到國內的社會現實，呼吸到軍閥統治下的污濁空氣，因而他的作品在反映留日學生生活時又將視角投向國內社會，從而將作品主人公——一個留日學生的生活遭際放在國內現實生活的背景下。這時期的幾篇小說，除《胃病》外，其餘四篇都是以一個名叫「于質夫」的留日學生爲主人公的。因而我們可以將其作爲系列小說看待。于質夫在國外遭受到異民族的歧視，畢業後回國找職業處處碰壁，到A地當教員又遇到軍閥的揭亂，爲了排解內心苦悶，他進出妓院，沉湎酒色，但是他又不是一個良心泯滅、自甘墮落的人，因而時時陷於極大的矛盾與痛苦之中。這個人物，富有才智卻報國無門，欲改變命運卻無能爲力，是當時一部分不滿現實而又找不到出路的知識分子的藝術寫照；同時，這一形象又是作者以自己的經歷作素材的，因爲當時郁達夫相信「文學作品，都是作家的自敘傳」這樣的文學主張。

郁達夫從日本回國初期，他已不再領取原有的留學生的官費津貼，經歷了顛沛和失業的折磨，他眞正感受到生活擔子的沉重。因此，郁達夫回國初期就把「窮困」的主題引進他的大多數作品中。以下面作品爲例：《蔦蘿行》（一九二三年四月作）、《還鄉記》（一九二三年七月作）《還鄉後記》（一九二三年八月作）這三篇是連續性的作品，郁達夫在《蔦蘿集自序》裡說：「半年來因失業的結果，我的天天在作夢的腦裡，又添了許多經驗。以己例人，我知道世界上不少悲哀的男女，我的這幾篇小說，只想在貧民窟，破廟中去尋那些可憐的讀者。」這段話表白了作者寫作時的心境。在這三篇小說裡，經濟窘困的巨大陰影籠罩著青年男女的愛情和家庭生活。《蔦蘿行》的主人公「我」和妻婚後感情融洽，互敬互愛。但「我」從日本留學畢業回國後，「生計問題就逼緊到我的眼前來」，他四處奔走都找不到職業，後雖在A地暫時找到教職，但在妻子分娩後他卻又失業了；他的憤懣和煩悶只在妻子身上發洩，致使她投江自殺，幸而被人救起，不久妻就獨自帶著孩子返回浙江老家。在這篇作品裡，讀者看到經濟的窘困給這對年輕夫妻的愛情生活投下多麼巨大的陰影。《還鄉記》和《還鄉後記》中的「我」出國十年一事無成，回國後又失業，帶著「兩袖清風，一只空袋」和滿臉羞愧返回故鄉去見老母妻兒：「我有什麼面目回家去見我的衰親，見我的女人和小孩呢？」這種嚴重的自卑感使他怕見熟人，抵達家鄉後先躲在土地廟裡，等待太陽下山才乘夜陰溜進家門。在這裡，貧困給這個知識分子的心靈帶來巨大損傷，給這個家庭也蒙上濃重的暗影。郁達夫這種致力於生的煩惱的描寫，比起以前的性的苦悶的表現，是一個重大的進展。

在描寫知識分子貧困化的同時，郁達夫還有一部分作品是表現他們和普通勞動者的眞誠友誼。《春風沉醉的晚上》（一九二三年七月作）的「我」是一個失業的知識青年，他的鄰居陳二妹則是孤苦伶仃的煙廠女工，他們同是天涯淪落人，卻相互關心相互照顧。陳二妹爲他的不幸境遇嘆息，送麵包給他充飢，還擔心他被壞人利用；「我」對陳二妹也處處關心和尊重。郁達夫在小說裡運用充滿詩意的筆觸向讀者揭示：在那寒夜般的社會裡，有一股眞誠的、相互關心相互愛護的友誼的溫情流動在受苦人之間，它會帶給人們一些慰安和暖意。《薄奠》（一九二四年八月作）寫一個窮知識分子「我」因坐車而認識一個人力車夫，他們在不斷交往中成為朋友，這樣使他有機會窺見這個車夫的內心願望：他想依靠辛苦勞動，積錢自己買一輛舊車，以擺脫車行的殘酷敲榨。但由於物價飛漲，車行勒索，以及身體衰弱，他的願望始終沒能實現，他帶著深深的失望「自家沉河」，在他死後，「我」去冥衣舖裡定做一輛紙糊的洋車作為奠品，燒化給黃土下的勞動者的魂靈。這個催人淚下的故事同樣將知識者與勞動者的友誼寫得筆酣墨飽，詩意盎然。《春風沉醉的晚上》和《薄奠》，以其對勞動者內心美的深刻揭示，對受苦人之間的眞摯友誼的生動描述，以及它所呈現的濃郁的抒情性和圓熟的藝術技巧，而成為郁達夫作品中的兩顆璀璨的明珠。

郁達夫自己說一九二五年「是不言不語，不做東西的一年」。的確這一年他在文學創作方面收穫甚微，然而在文學理論的研究和著述方面卻是一個豐收年。由於他在武昌師範大學任文科教授的需要，他系統地研究了文藝理論和文學史，並先後編寫出版了《小說論》《戲劇論》《詩論》《文學概說》等專著。五四新文學運動以後，廣大新文學作者經過幾年的創作實踐，產生了一批創作成果，在這個時候，迫切需要從理論上來加以研究和總結，這樣做有利於新文學運動的繼續發展。因此，郁達夫這一批文學理論著作的出版是很有意義的，是他對現代新文學運動所作出的又一貢獻。

郁達夫在「創造社」的旗幟下，源源不斷地將富有新意的作品呈獻給讀者。他的作品在讀者中間引起巨大的反響。廣大青年讀者將郁達夫看作是能爲他們傾訴心聲的代言人，他們爲郁達夫的某一篇新作品的發表而奔走相告，甚至仿效郁達夫作品裡人物的言談舉止。匡亞明在一九三一年曾回憶他和他的年輕同學初讀《蔦蘿行》時的激動的情景：「提起他（指郁達夫——引者注）的穿著，我就聯想到在《蔦蘿行》裡描寫過的他的香港布洋服了。那時我還在蘇州的一個師範學校裡讀書，對於他的熱烈的同情與感佩，眞像《少年維特之煩惱》出版後德國青年之「維特熱」一樣，我也仿效著做了一套香港布的制服，同時接踵相效的還有同班同學作群兄。當時的天眞的稚氣與熱情，現在雖完全離開我的生活，但回味還是很饒趣的。」（《郁達夫印象記》）

當時的有些文學青年，在自己的創作活動中則將郁達夫奉爲楷模，模仿郁達夫的藝術手法和藝術風格，並寫出一些比較接近郁達夫藝術作風的作品。如馮沅君以「淦女士」的筆名在《創造》季刊和《創造周報》上發表了《隔絕》《旅行》《慈母》《隔絕之後》等小說，後來編爲《卷葹》集出版。在幾篇連續性的作品中，她敘寫了一對熱烈追求自由和幸福的青年男女最後以死來反抗封建婚姻制度的悲劇，作品以越軌的筆致敘寫愛情生活的場面，以驚人的直率坦露內心世界的隱秘，當時的評論者認爲這種大膽的文字是來自郁達夫等作家的啓示和影響。另一青年作家倪貽德從一九二三年起在創造社的各種刊物上發表《江邊》《玄武湖之秋》等作品，作者以欷歔之聲叙述自己身世的寂寞，以凄涼之情抒發失去愛情的苦痛，這些小說寄寓了作者對生活的深沉憤慨。當時就有人說：「倪貽德有點像郁達夫」。（鄭伯奇語）再如以小說集《孤雁》登上文壇的王以仁，他的小說用第一人稱的視角，描寫一個青年知識分子因失業流落街頭，後又身陷賭窟，淪爲賭徒小偷，最後神經錯亂而死。作者直率地暴露自己病態的心理活動，大膽地展示自己的不軌行爲，將自己赤裸裸地坦露在讀者面前。王以仁在「代序」裡說，「你說我的小說很受郁達夫的影響；這不但你是這般說，我的一切朋友都這般說，就是我自己也覺得帶有達夫的彩色的。」郁達夫自己則在日記裡寫道：「王以仁是我直系的傳代者，他的文章很像我，……我對他也很抱有希望」（《新生日記》）。

廣大青年讀者將郁達夫看作是自己的知心朋友，願意向他傾吐自己苦悶的心聲，甚至寄希望於他的幫助；而郁達夫對窮苦的的青年也十分關心與同情，有時可以傾囊相助。湖南青年沈從文到北京投考學校，誤過考期，又失去原有的接濟，因而流落北京，住在湖南會館裡，冬天沒有棉衣，沒有火爐，只能用被子裏著身體禦寒。在他走投無路的時候就寫信給素不相識的名作家郁達夫，請求援助。郁達夫收到這位陌生青年的來信，就於一九二四年十一月十二日上午冒著北方的大風沙到會館去看望他。當他看到這個青年坐在冷冷的屋子裡發抖，「覺得什麼話也說不出來」，就把自己脖子上的毛圍巾摘下，披在沈從文身上。他又拿出五塊錢同沈從文出去吃中飯，找回的錢全部送給他。這點援助雖是杯水車薪，但卻蘊含著郁達夫對青年的愛心，因當時郁達夫自己經濟也並不寬裕，他每月只有三十元收入，自己冬天連一條棉褲也沒有。郁達夫告別沈從文後，他的心一直無法平靜，就於當天半夜給這位流浪青年寫信，對當時社會的黑暗和青年的沒有出路表示他的巨大的憤慨，這就是著名的《給一位文學青年的公開狀》。陳翔鶴也曾生動地回憶郁達夫和青年交往的情形：「北平的青年人到達夫兄處來談天的也眞多。但同他往來最多的，還要算我，煒謨、馮至、柯仲平、趙其文、丁女士諸人。到末後才有姚蓬子、潘漠華、沈從文、劉開渠諸兄。他對我們一律都稱之爲『同學』。我們有時一大群的，談晚了就橫臥在達夫兄的床上過夜」。（《郁達夫回憶瑣記》）

郁達夫正是以自己斐然的創作成績，擴大了創造社的影響。

三、脫離創造社

一九二六年三月十八日，郁達夫和郭沫若、王獨清結伴乘船離開上海，奔走廣州。郁達夫是應聘去廣東大學任文科教授的。在微雨中來碼頭送行的有應修人、樓建南等。廿三日早晨，他們到達了嚮往已久的這座南國的江城。

這時，除了郁達夫、郭沫若、王獨清三人外，創造社的成員成仿吾、鄭伯奇、穆木天也都在廣州。他們成立了創造社出版部分部，廣州成爲創造社的活動中心。郁達夫一面在廣東大學教書，一面參加創造社的工作。

可是，正當郁達夫以巨大熱情開始他的新生活的時候，忽然接到北京發來的龍兒的病報，於是他在六月初又匆匆離開才住了兩個月的廣州，北航經上海換船到天津，於舊曆五月初十趕到北京。待他到家，他的五歲的兒子龍兒已經埋葬四天了。龍兒的死去，給郁達夫帶來極大的悲痛，然而，他除了同妻子孫荃抱頭痛哭外，又能有什麼別的辦法呢！於是他暫時留在北京，安慰可憐的妻子，追念死去的愛兒，直到九月下旬他才離京南下，在上海停留了兩個星期，十月二十日才再回到廣州。這一去來，已經是四個多月過去了。他在上海停留期間，編輯了《創造月刊》第一卷第五期，並爲這一期寫了一篇《非編輯者言》，文中他回顧了這段生活經歷和心情。他說：「而我自己哩，啊啊，再不要提起，這三四個月中間，死了兒子，病了老婆，在北京的危險狀態裡，躲藏著，悶憤著，非但做文章的趣味沒有，並且連做人的感興都消亡盡了。」

他回到廣州，廣東大學已改名爲國立中山大學，新任的校長是戴季陶，郁達夫也改任爲法科教授兼學校出版部主任。

郁達夫回到廣州的時候，國民革命軍的主力已經北伐，革命策源地的廣州已成爲革命的後方，在這裡，革命的精神已逐漸浮滑和稀薄，革命過程中的某些消極面也逐漸呈現出來。正當郁達夫對廣州感到失望時，成仿吾來找郁達夫，希望他去上海專辦出版部的事情，因為上海創造社出版部出現了一些混亂情況，急需整頓。十一月廿一日，郁達夫、成仿吾、王獨清一起議定，由郁達夫擔任總務理事，於近期內去上海創造社出版部，算清存賬，整理內部。於是他於十一月廿九日向戴季陶正式辭去中大教授及出版部主任之職。郁達夫後來在《對於社會的態度》一文中曾較詳細地談及此事，他說，當時上海創造社出版部有幾個青年另立了一個社，「他們都是創造社出版部的服務人員，除住房子吃飯拿薪水不計外，他們所出的書和雜誌的包裝堆棧及印刷的校對等營業雜費，都由創造社負擔，而這些書和雜誌的純利，全由這另一個社來收受的。所以結果弄得變成了創造社耗費了基金在養另外的一個社了。」「這消息傳到了當時我們都在那要當教員的廣州，大家合議的結果，要我犧牲了教員的地位，到上海來整理出版部的事情。」

辭去中山大學教職以後，郁達夫還在廣州逗留了半個月，一面接受一些朋友和青年的餞行，一面作一些出發前的準備。十二月十七日他乘船告別廣州，他是帶著深深的失望離去的。後來他在文章裡回顧這一段經歷時說，他和朋友們束裝南下，到了革命策源地廣州，「在那裡本想改變舊習，把滿腔熱忱，滿懷悲憤，都投向革命中去的，誰知鬼蜮弄旌旗，在那裡所見到的，又只是些陰謀詭計，卑鄙污濁。一種幻想，如兒童吹玩的肥皂球兒，不待半年，就被現實的惡風吹破了。這中間雖沒有寫得文章，然而對於中國人心的死滅，革命事業的難成，卻添了一層確信。」（《雞肋集·題辭》）在赴上海的旅途上，由於遇到大風，走走停停，他所乘的船抵達上海時，已經是十二月廿七日。一九二六年也已近歲末了。

雖然廣州使郁達夫感到失望，但他並沒有消沉，他是抱著繼續奮鬥的決心由廣州到上海的。當他迎接一九二七年新年到來的時候，他滿懷希望地在日記裡寫道：「今天是一九二七年的元日，我很想於今日起，努力於新的創造，再來作一次創世紀裡的耶和華的工作。」在一月十日的日記裡，他爲自己訂了一個近期的寫作計劃：要寫的小說有：《蜃樓》、《她是一個弱女子》、《春潮》，還有一部反映廣東生活經歷的十萬字的《清明前後》等；此外還要寫幾本文學理論著作，包括一本文學概論，一本小說研究，一本戲劇論，一部中國文學史等；還打算翻譯屠格涅夫、萊蒙托夫的幾部長篇小說。這是一個多麼龐大的創作計劃，雖然這個計劃後來並沒有完全實現，但從這裡可以窺見郁達夫初到上海時的雄心壯志。

一九二七年春天，郁達夫的確是精神飽滿地在努力工作。他把主要力量用在整頓創造社出版部上，對已經出現的一些問題進行認眞的清理，初步制止了混亂的情況，在這方面做出了成績。他還主編了這段時間的創造社的刊物《創造月刊》和《洪水》半月刊，同時又新創辦了一種小型周報《新消息》，使「創造」的旗幟繼續在中國文壇上飄揚。在創作方面他發表了著名的小說《過去》、《清冷的午後》，並致力於中篇小說《迷羊》的寫作。短篇小說《過去》發表以後，周作人曾寫信給作者，讚揚它「是可與Dostoieffski, Garsin相比的傑作，描寫女性，很有獨到的地方」。青年作家錦明也撰文指出：「《過去》告示我們，達夫在此時期的藝術已臻完全成功境地了。」（《達夫的三時期》）除小說外，郁達夫這段時間還發表爲數不少的政治論文和文藝論文。儘管工作如此繁重，郁達夫這段時間還到上海法科大學教授德文，每周六課時。可見，郁達夫是以異常勤奮的態度來投入到上海後的新生活的。

郁達文雖然在廣州感到失望，但是北伐軍的勝利和革命高潮的逐漸到來仍然使他感到興奮，當時在祖國大地上那像鐵流一般的波瀾壯闊的北伐進軍，使他感受到與革命後方不同的生氣勃勃的氣息，所以他始終是抱著支持和擁護的態度的。他在由廣州到上海的途中，經過福州，他在日記裡寫下他的印象：「革命軍初到福州，一切印象，亦活潑令人生愛」（一九二七年一月一日日記）。他在上海得知國民革命軍到了杭州，在日記裡寫道：「杭州確已入黨軍手，喜歡得了不得」（一九二七年二月十八日日記）。他和女友在上海街上看到工人起義的歷史性場面，在這一天的日記裡寫道：「……工人的總罷工，秩序井然，一種嚴肅悲壯的氣勢，感染了我們兩人。」（一九二七年三月廿一日）

郁達夫從廣州剛到上海幾天，就於一九二七年一月六日寫了一篇《廣州事情》，後來用「日歸」的筆名發表在《洪水》半月刊上。在這篇文章裡，作者雖然也肯定廣州是「中華民族進步的證據」，但它的主要篇幅卻是用來暴露廣州的政治、教育、農工運動等方面的黑暗。文章的最後寫道：「廣州的情形複雜，事實離奇，有許多關於軍事政治的具體的話，在目下的狀態裡，記者也不敢說。總之這一次的革命，仍復是去我們的理想很遠。我們民衆還應該要爲爭我們的利益而奮鬥。……末了還是中山先生的兩句話，『革命尙未成功，同志仍須努力。』」

郁達夫這篇《廣州事情》發表以後曾轟動一時，並引起創造社其他成員的許多非議。郭沫若寫信批評郁達夫的文章「傾向太壞」，成仿吾也發表文章指責他：「這篇文章易爲反動派所利用，日歸君尤爲不能不負全責」（《讀了〈廣州事情〉》）。對於這些批評，郁達夫都不能接受。大革命失敗後，創造社受到政府當局搜查，有些職工也被拘捕。這時創造社的有些成員又較多地責怪郁達夫，認爲是因他的文章、言行的不愼才招惹來災禍。郁達夫的《廣州事情》這篇文章，雖然反映了作者具有一定的政治敏感，但文章確實有片面性，而且在封建軍閥活動的中心發表揭露革命陣營陰暗面的文章也不合時宜，但郁達夫對這些並沒有認識，他反而感到委屈，感到「十數年來的老友，都不得不按劍相向」的痛苦。於是他在一九二七年八月十五日的上海《申報》和《民國日報》上同時登了一個啓事：

郁達夫啓事

人心險惡公道無存此番創造社被人欺詐全係達夫不負責任不先事預防之所致今後達夫與創造社完全脫離關係凡達夫在國內外新聞雜誌上所發表之文字當由達夫個人負責與創造社無關特此聲明免滋誤會

後來，郁達夫在好幾篇文章裡一再說明他脫離創造社的原因。寫於一九二八年八月的《對於社會的態度》一文對這一問題說得最爲詳盡。他寫道：「我的要和創造社脫離關係，就是因爲對那些軍閥官仍太看不過了，在《洪水》上發表了幾篇《廣州事情》及《在方向轉換的途中》等文字的原因。當時的幾位老友，都還在政府下任職，以爲我在誹謗朝廷，不該做如此的文章。後來又有幾位日本《文藝戰線》社的記者來上海，我又爲他們寫了一篇更明顯的《訴諸日本無產階級》的文章，這些文字，本來是盡人欲說的照例的話。而幾位老友，都以爲我說得太過火了。究竟不曉得是不是這幾篇文字的原因，在去年的七月裡，居然來了一位自稱暗探的司令部的人員，到創造社出版部來說要拿人拘辦。弄得出版部裡的人員逃散一空，後來由郭復初氏去司令部說明了原委，由胡適之氏向黃膺白辯剖了究竟，創造社出版部才由我自己到警察廳去接受回來。而在這一場悲喜劇結束的時候，正由廣州帶了重大使命去日本的成仿吾氏，卻對我說了這幾句話：『這都是你的不是。因爲你做了那種文章，致使創造社受了這樣的驚慌與損失！那些紙上的空文，有什麼用處呢？以後還是不做的好！』……我看了左右前後的這些情形，深恐以後再將以文字而召禍，致累及於創造社出版部的事業經營，所以就在去年八月十五日的申報民國日報上登了一個完全與創造社脫離關係的啓事。」

儘管郁達夫發表《廣州事情》是有失誤之處，但創造社的有些成員在受到政治壓迫時不是把怨恨集中投向壓迫的製造者，而是過多地責怪自己的同伴，這不能說是明智態度。郁達夫就這樣含著委屈情緒脫離了他爲之傾注出巨大心血並作出卓越貢獻的創造社。

四、王映霞之戀

當郁達夫帶著整頓創造社出版部的任務從廣州抵達上海，並已經雄心勃勃地開始工作的時候，他在一位朋友家中邂逅杭州少女王映霞。這個突然出現的機緣，使郁達夫開始了一次新的追求和「創造」，並對他此後的人生路線產生了影響。

郁達夫是一九二七年一月十四日在上海尚賢里友人孫百剛的寓所裡第一次見到王映霞的。她於一九二六年暑假從杭州橫河橋女中畢業，到溫州高中附屬小學任教員，當年年底，由於溫州受到戰禍的威脅，人心浮動，她就和在溫州高中任教的同鄉孫百剛夫婦一起到上海尚賢里來暫住。郁達夫是在日本留學時認識孫百剛的，這次在上海偶然重逢，就到尚賢里去拜訪他。在孫百剛寓所，郁達夫初次邂逅王映霞，便被她的美麗所震動，一見傾心。在當天的日記裡就寫道：「……上法界尚賢里一位同鄉孫君那裡去。在那裡遇見了杭州的王映霞女士，我的心又被她攪亂了，此事當竭力的進行，求得和她做一個永久的朋友。」據孫百剛回憶，郁達夫初遇王映霞不久就對他說：「我自己也不知道是什麼緣故，自從第一次看見她……之後，就神魂顛倒，無論怎樣想抑止下去，但總控制不住自己的感情。眼睛一閉攏，睡夢中夢見的也是她，眼睛一睜開，作事也無心，吃飯不在意，眼面前只見她的影子在搖晃。……只要看見她，似乎我的靈魂找到了歸宿處，像迷途的孩子重複來到母親的懷抱一般。即使她不和我說話，也覺得精神安慰。」（《郁達夫與王映霞》）

從此，郁達夫就開始了不顧一切的近於瘋狂的愛情追求。他給王映霞寫了許多情深意切的信；還不斷地上門拜訪；一再約她散步、看電影、吃飯；爲了能見她而奔波於滬杭之間；他聽不進友人的任何忠告，只要能獲得王映霞的愛情，他已決心不論犧牲任何寶貴的東西都在所不惜。他在寫給王映霞的信中向她表示：「因爲我很熱烈的愛你，所以我可以丟生命，丟家庭，丟名譽，以及一切社會上的地位和金錢。所以由我講來，現在我所最重視的，是熱烈的愛，是盲目的愛，是可以犧牲一切，朝不能待夕的愛。此外的一切，在愛的面前，都只

有和塵沙一樣的價値。」（《一九二七年三月四日信》）

當然，郁達夫這時的內心並不是沒有矛盾的，因爲他畢竟是已經有了妻室的人了。他同結髮夫人孫荃雖是封建婚姻，但從訂婚至今也已經有整整十年的感情歷程了，他們結婚以後的夫妻感情還是很不錯的。就在郁達夫遇見王映霞的前一天，即一九二七年一月十三日，他收到孫荃由北京郵寄來的皮袍子，在當天的日記裡寫道：「我心裡眞十分的感激荃君」「心裡只在想法子，如何的報答我這位可憐的女奴隸。」感情十分眞摯。因此，當他對王映霞產生了愛戀之情時，他的內心出現了激烈的鬥爭，思想感情充滿著矛盾。例如他在日記裡這樣自責：「可憐我的荃君，可憐我的龍兒熊兒，這一個月來，竟沒有上過我的心，……這時候荃君若在上海，我想跑過去尋她出來，緊緊地抱著了痛哭一陣。我要向她confess，我要求她饒赦，我要她能夠接受我這一刻時候的我的純潔的眞情。」（一九二七年二月七日日記）又如他在日記裡眞實地敘寫他的矛盾：「我時時刻刻忘不了映霞，也時時刻刻忘不了北京的兒女，一想起荃君的那種孤獨懷遠的悲哀，我就要流眼淚，但映霞的豐肥的體質和澄美的瞳神，又一步也不離的在追迫我。」（二月廿七日日記）

郁達夫雖然內心進行著激烈的鬥爭，但是，由於他具有較多的舊文人習氣，他身上的多愁善感的氣質，以及當時的社會風氣等等原因，郁達夫對王映霞的感情還是完全無法自制，它簡直同脫了韁繩的野馬一樣。在一個多月裡，他幾乎是以全部時間全部力量投入對王映霞的追求之中。郁達夫的這一行爲自然不無可以非議的地方，但從他當時的日記裡所展示的，他確實是從內心深處愧疚地感到對不住孫荃，而他對王映霞的愛情又確實是眞誠的。郁達夫在給王映霞的一封信裡曾說：「我平生的吃苦處，就在表面上老要作玩世不恭的樣子，……我心裡卻是很誠實的，你不要因爲我表面的態度，而疑到我的內心的誠懇。」（一九二七年三月八日）郁達夫確實是這樣一個誠實和誠懇的人，至於他之所以會對兩位女性採取這樣的態度，這或者正是反映處於婚姻制度過渡期的這一代知識分子在愛情、婚姻問題上的特殊的複雜性罷。王映霞比郁達夫小十一歲，當時還是一個不到二十歲的單純熱情的少女，她終於被郁達夫的熱情、眞誠、執著所感動，接受了郁達夫爲她所奉獻的愛情。郁達夫在一九二七年三月五日的日記裡記述了他們在先施的東亞酒館裡定情的情景：「從早晨九點談起，談到晚上，將晚的時候，和她去屋頂東園散了一回步。天上浮雲四布，涼風習習，吹上她的衣襟，我懷抱著她，看了半天上海的夜景，並且有許多高大的建築物指給她看！她也是十分滿足，我更覺得愉快，大約我們兩人的命運，就在今天決定了。她已誓說愛我，之死靡他，我也把我愛她的全意，向她表白了。」爲了這次定情，郁達夫還寫了兩首情意綿邈的詩贈王映霞：

朝來風色暗高樓，偕隱名山誓白頭。

好事只愁天妒我，爲君先買五湖舟。

籠鵝家世舊門庭，鴉鳳追隨愧穢形。

欲撰西泠才女傳，苦無椽筆寫蘭亭。

郁達夫與王映霞於一九二七年六月五日在杭州聚豐園設宴向親友們宣布他們的結合。他們婚後的一段生活也是比較美滿的。王映霞回憶道：結婚以後，「在精力充沛的我倆的心靈裡，只有和愛，只有歡樂，只有對未來的憧憬。」「既無親友的來擾，我們又很少出外看親友，在屋子裡坐得氣悶時，也就踱到附近的幾條人行道上閑步，談著過去，談到未來，再談及這尚未出生的小生命。飽嘗了歡樂的兩顆心，覺得已經再也說不出什麼別的願望了。散步散得有一點疲倦的時候，我們便又很自然地回到了小樓上，太陽成了我們的時鐘，氣候算作我們的寒暑表，在這十里洋場的一角，是很少有人能夠體會得出我們當時的滿足的。」（《半生自述》）

同王映霞從戀愛到結婚的成功，對郁達夫是極大的鼓舞和激勵。在戀愛時，王映霞對這位自己即將把一生命運交付給他的人，時時給予安慰和鼓勵，多次勸他要振作有爲；郁達夫面對這位美麗熱情的少女的信任與期望，也煥發起人生的責任感，並增強了自己奮鬥的信心和力量。郁達夫同王映霞定情後，他在日記裡寫道：「她激勵我，要我做一番事業。……我眞感激她到了萬分。答應她一定照她所囑咐我的樣子做去。」（三月七日）「從今天起，我要戒酒戒煙，努力於我的工作了。午後又寫了一封信給映霞，告訴她以我的決心，我的工作。」（三月八日）。他在三月八日的這封信裡對王映霞說：「我今天在開始工作，大約三四天後，一定可以把創造月刊七期編好。第一我要感激你期望我之心，所以我一邊在做工，一邊還在追逐你的幻影，昨天的一天，也許是我的一生的轉機吧！映霞，我若有一點成就，這功勞完全是你的。」他們兩人結婚以後，王映霞在生活上照顧郁達夫，在精神上安慰他，在事業上鼓勵他。這一切對於身世飄零的他，都是使他積極向上的推動力。他在一九二七年八月寫的一篇文章裡說：「閑居了半年，看了些愈來愈險的軍閥的陰謀，嘗了些叛我而去的朋友親信的苦味，本來是應該一沉到底，不去做和尙，也該沉大江的了，可是這前後卻得到了一種外來的助力，把我的靈魂，把我的肉體，全部都救度了。」（《雞肋集·題辭》）他在這裡所說的「外來的助力」，也即是指王映霞的愛情。這種助力使他在政治風雲變幻和創造社朋友離去的困難時刻，沒有「一沉到底」，而是仍然積極向上地生活和工作。

在王映霞走進郁達夫的生活中以後，郁達夫的創作熱情又一次高漲。他在幾年內創作出大量的作品。他撰寫的許多政論、雜文、隨筆、文藝論文是這段時間的重要收穫。除此以外，單以小說而言，這段時間發表的《馬纓花開的時候》《東梓關》《碧浪湖的秋夜》《遲桂花》《瓢兒和尚》等短篇小說，在藝術上都達到較高水準：作品的藝術構思精巧，人物性格鮮明，結構布局嚴謹，語言文字優美，它顯示了郁達夫對寫作技巧的圓熟掌握。中篇小說《迷羊》對人物的內心世界有極生動細緻的揭示。中篇小說《她是一個弱女子》構思於一九二七年，完成於「一二八」淞滬戰爭期間，作者將這次戰爭作爲小說故事的背景，讓女主人公在戰爭中受到侵略者的野蠻蹂躪而死去。雖然由於寫作時間匆促，藝術上稍爲粗糙，但這部作品卻顯示出郁達夫作爲一個愛國者在民族危機中對國家命運的深切關注。因而它仍然是一部對現實生活產生積極影響的作品。

同時，郁達夫從一九二七年開始，就將他幾年來的作品收集編輯成「達夫全集」分卷出版，計有《寒灰集》《雞肋集》《過去集》《奇零集》《敝帚集》《薇蕨集》《斷殘集》以及《懺餘集》等。郁達夫在全集的第一本《寒灰集》已在排印中又臨時在它的卷首加上一個《題辭》，他寫道：「寒灰的復燃，要借吹噓的大力。這大力的出處，大約是在我的朋友王映霞的身上。假使這樣無聊的一本小集，也可以傳之久遠，那麼讓我的朋友映霞之名，也和它一道的傳下去吧！」

第四章　亂世飄蓬

一、風雨茅廬

一九三三年四月廿五日，郁達夫離開生活了六年之久的上海，全家移居杭州。這一天清晨，在春雨霏微中，他携妻王映霞和兒子及一女佣，一道登上火車。午後一點抵達杭州，寓居場官衕，是「東倒西斜的三間舊屋」，室內只有幾張板桌，一架舊書，陳設很簡單。當晚，夜深人靜時，他聽著門外巷里傳來賣點心的小販篤篤篤篤的敲小竹梆的哀音，在床上輾轉反側不能入睡，只好拿出一本新出版的魯迅的《兩地書》，挑燈細讀，從半夜到天明，把這本書讀完。雖然通宵未睡，但他仍無倦意，一早就踏著雨後的泥濘走上市街，看看兩旁的店家和來往的行人，可是他所看到的一切都使他失望和憂慮。他寫道：「四周一看，蕭條復蕭條，衰落又衰落，中國的農村，果然是破產了，但沒有實業生產機關，沒有和平保障的像杭州一樣的小都市，又何嘗不在破產的威脅下戰慄著待斃呢？」（《移家瑣記》）郁達夫移家杭州的第一天就強烈地意識到，湖光山色秀麗動人的杭州，也並不是脫離紛擾的塵世可以怡然自樂的桃花源。

郁達夫決心舉家移居杭州，原因可能是多方面的。但最主要的是兩點：一是為了經濟上節省開支。郁達夫說：「洋場米貴，狹巷人多，以我這一個窮漢，夾雜在三百六十萬上海市民的中間，非但汽車、洋房、跳舞、美酒等文明的洪福享受不到，就連吸一口新鮮空氣，也得走十幾里路。移家的心願，早就有了。」（《移家瑣記》）對於像郁達夫這樣一位沒有固定職業，只依靠稿費和版稅的收入來維持生活的作家，要在物價昂貴的上海應付龐大的生活開支，的確是困難的。另一個原因是為了躲避日益尖銳的政治鬥爭。當時政府當局的政治壓迫加劇，郁達夫也感受到它的威脅，在他的心目中，水波不興的西子湖畔，或者可以成為他逃避現實鬥爭風雨的所在。他在移家杭州時寫了一首詩：「冷雨埋春四月初，歸來飽食故鄉魚。范睢書術成奇辱，王霸妻兒愛索居。傷亂久嫌文字獄，偷安新學武陵漁。商量柴米分排定，緩向湖塍試鹿車。」（《遷杭有感》）這首詩眞實地反映了郁達夫當時的心情。

對於郁達夫全家遷杭之舉，作為朋友，魯迅先生是抱著保留的態度的。郁達夫和魯迅的友誼開始於一九二三年，他們在這一年的二月十七日（農曆正月初二）在北京魯迅寓所第一次見面。當時魯迅在教育部任職，郁達夫則是從安慶法政專門學校來京度寒假的。郁達夫比魯迅小十五歲，但由於「一則因係同鄉，二則因所處的時代，所看的書，和所與交游的友人，都是同一類屬的緣故」（郁達夫：《回憶魯迅》），所以竟成了忘年之交，結下了深厚的友誼，特別是一九二七年以後，他們兩人都住在上海，來往就更加頻繁，他們一起討論文學問題，一起合作編輯刊物，一起參加各種社會活動，一起參與文學論爭。現在，郁達夫全家搬到杭州去了，魯迅心裡是不很贊成的。因此，在郁達夫遷居杭州八個月以後，也即一九三三年底，有一次郁達夫和王映霞從杭抵滬，去訪魯迅並請他寫字。魯迅爲他們寫了詩幅四幅，這就是著名的《阻郁達夫移家杭州》：

錢王登遐仍如在，伍相隨波不可尋。平楚日和憎健翮，小山香滿蔽高岑。
墳壇冷落將軍岳，梅鶴凄涼處士林。何似舉家遊曠遠，風波浩蕩足行吟。

在這首詩裡，魯迅懇切地規勸郁達夫。他借古喻今，委婉地指出，杭州並不是世外桃源；即使暫時能找到一個可以安息的處所，但它卻會沉重地拖住矯健翅膀的飛翔；倒不如到廣濶的天地裡，在浩蕩的風波中吟咏歌唱。

然而郁達夫並沒有聽從魯迅的勸告，他繼續留居杭州，這就爲以後發生的家庭悲劇的苦果埋下了種子。後來郁達夫回憶說：「我搬到杭州去住的時候，（魯迅）也曾寫過一首詩送我，頭一句就是『錢王登遐仍如在』；這詩的意思，他曾同我說過，指的是杭州黨政諸人的無理的高壓。他從五代時的紀錄裡，曾看到過錢武肅王的時候，浙江老百姓被壓榨得連褲子都沒得穿，不得不以磚瓦來遮蓋下體。……我因不聽他的忠告，終於搬到杭州去住了，結果竟不出他之所料，被一位黨部的先生，弄得家破人亡……」（《回憶魯迅》）郁達夫這裡說的黨部先生指的是許紹棣，當時任國民黨浙江省黨部執行委員、宣傳部長。正是這個人在以後的日子裡直接破壞了郁達夫美滿的家庭。

魯迅在詩中說：「平楚日和憎健翮，小山香滿蔽高岑。」這是非常深刻而又具有預見性的。安逸閑散的生活會銹損奮鬥者的意志，使他忘卻自己翅子的飛翔。郁達夫在杭州居住了近三年，他過的正是一種閑散安逸的生活。他在一篇文章裡談到這期間的生活方式：「在家吃點精緻的菜，喝點芳醇的酒，睡睡午覺，看看閑書，不願意將行動和平時有所移易；總之是懶得動。」（《住所的話》）由此可見，吃飯打牌，飲酒喝茶，寫字看畫，吟詩作對，瀏覽閑書，觀賞風景，訪友閑談，應酬交際……這一切成爲郁達夫生活的重要內容，占去了他的大量的時間。郁達夫的友人孫百剛曾回憶他當時的印象：「在我眼中的達夫，那時候和遷杭以後的一段時期中，確是由一般文人，逐漸走向中國式名士型的路上去了。其時，他喜歡遊山玩水，寫幾段流利輕鬆的遊記；喜歡低吟淺酌，做幾首清新雋逸的詩詞；收集不少地方志書；雅好各種線裝古籍。從前那種桀驁不馴的露骨牢騷，也變爲含蓄蘊藉，謔而不刺的言辭。我們朋友間有時在背後談到達夫，大家都覺得達夫有點變了。」（《郁達夫外傳》）

在杭州的二、三年間，郁達夫花了許多時間到處遊山玩水。一九三三年十一月，杭州至江西省玉山的鐵路接就，即將通車，杭江鐵路局邀郁達夫等人沿鐵路線遊覽浙東，以便將所見景物寫成遊記，登載於旅行指南之類的書上，向中外的旅遊者宣傳。於是郁達夫就有機會遍遊了諸暨、金華、龍遊、衢縣、江山、玉山等地附近的風景名勝；一九三四年三、四月間，郁達夫又應東南五省交通公覽會的邀請，和林語堂、潘光旦等人，打算由浙西去安徽遊覽黃山，雖然黃山最後並未去成，但卻也遊覽了臨安、天目山、屯溪等地，此外，一九三四年他偕同王映霞到青島、濟南、北京、北戴河等地避暑，後又陪同友人遊覽天台、雁蕩；一九三五年春又遍遊杭州附近的山水名勝，同年七月遊覽江蘇省宜興的善卷洞、張公洞，十月陪同友人遊富春江。從這份遊覽日程表可以看到郁達夫對遊山玩水的濃厚興趣。正因爲如此，郁達夫在杭州期間的文學創作，除了描寫北伐革命時期生活的《出奔》等小說外，他所寫的大量遊記應該說是本時期最主要的收穫了。

郁達夫先後出版了兩本遊記集：《屐痕處處》和《達夫遊記》。他的遊記作品，生動地描繪出祖國錦繡河山的偉大與壯麗，抒發了詩人對祖國山水的眷戀與熱愛，傾訴了對現實社會的憂憤，因而它能夠激起讀者的愛國熱情；而它的優美的畫面，充滿詩情的意境，以及清麗雋永的文字，則能給人以高度的藝術享受。所以他的遊記作品同樣是我國現代文學寶庫中的珍品。

郁達夫在杭州近三年時間做的一件大事情就是建造了一所「風雨茅廬」。早在一九三四年冬天，郁達夫和王映霞就通過友人孫百剛、沈太素的關係，在場官衖買了一塊產權屬於省立救濟院的廢庵的地皮，面積有二畝左右。接著他寫了一篇題爲《住所的話》的短文在《文學》月刊上發表，說自己想造一所小小的住宅，地皮已經有了，但建築費四千元錢卻還沒有著落。文章發表以後就有了回響。搞建築的朋友表示願意爲他建造住宅效勞，有錢的朋友願意借錢給他。這樣，在一九三五年入秋以後就動工，大約半年時間這座住所就建成了，然而爲此郁達夫卻欠下了一大筆債。在房屋即將落成時他在日記裡寫道：「場官衖，大約要變成我的永住之地了，因爲一所避風雨的茅廬，剛在蓋屋楝；不出兩月，油漆乾後，是要搬進去定住的。」「所最關心的，就是因造這屋而負在身上的那一筆大債。……要想還出這四千塊錢的大債，卻非得同巴爾札克或司考得一樣，日夜的來作苦工不可。」（一九三五年十一月十九日日記）

這所房屋建成後由郁達夫自己擬名爲「風雨茅廬」，並由馬君武將這四字寫了一塊横額，懸掛在房屋正中的客廳裡。住宅雖名「茅廬」，其實相當富麗。孫百剛在房屋落成不久曾去拜訪，他對這座「風雨茅廬」這樣描述：門口兩扇鐵門敞開著，氣象豪華；一條水泥路直通進去；南向三間正屋；當中一間是客廳，旁邊東西兩間是臥室，開間相當寬闊，每間各有後軒；陳設的家具是新的，壁上掛著字畫鏡屏，窗上裝著新的紗窗。而東面一個月洞門內有一小院子，點綴著一些假山石和盆花，裡面一間朝南的大花廳，三面沿壁都排列著落地高大書架，密密層層地擺放著六七千冊的中外圖書，這裡是郁達夫的書房。

「風雨茅廬」，它能眞正成爲郁達夫躲避政治鬥爭風雨的永遠寧靜的港灣嗎？

二、國破家亡恨綿綿

正當郁達夫留連於杭州的山水之間的時候，一九三六年一月初，他忽然接到福建省政府主席陳儀來函相招，謂若有閩遊之意，無任歡迎。郁達夫經過考慮，終於接受了邀請。

這時，經郁達夫精心籌劃建設的風雨茅廬即將竣工，可是他還沒有來得及享用就匆匆向它告別，踏上新的旅途。他之所以突然作出赴閩的決定主要有兩個原因，一是爲了遊覽福建的山水和名勝，也可以「尋求一點材料來寫些遊記之類的東西」（《高樓小說》）；二是希望增加一些經濟收入。他因建造風雨茅廬已欠了一大筆債，本人又沒有固定職業和固定薪金，稿費版稅收入也不正常，這時尋求點經濟收入就十分必要。

一九三六年二月二日，農曆正月初十，郁達夫一早就離開杭州，中午在上海乘上三北公司的靖安輪，一路風平浪靜，於二月四日抵達福州，暫住南台青年會，是在一幢面對閩江的四層樓上。閩江日夜流過他的窗前，引起他無限的情思和遐想。郁達夫對閩江的印象極好，他說：「水色的清，水流的急，以及灣處江面的寬，總之江上的景色，一切都可以做一種江水的秀逸的代表，揚子江沒有她的綠，富春江不及她的曲，珠江比不上她的靜。人家在把她譬作中國的萊茵，我想這譬喻總只有過之，決不會得不及。」（《閩遊滴瀝之二》）

郁達夫到福建，是任福建省政府參議，公報室主任，月薪三百元；但由於當時閩省財政拮据，薪水總是不能全部發出，所以他的實際收入並沒有這麼多。

在福州的報紙報導了郁達夫到達榕城的消息以後，仰慕這位著名文學家的廣大讀者立即掀起了一陣訪問的熱潮。郁達夫在二月六日的日記裡寫道：「今天因爲本埠福建民報上，有了我到閩的記載；半日之中，不識之客，共來了三十九人之多。自午後三點鐘起，接見來客，到夜半十二時止，連洗臉洗澡的工夫都沒有。」在來訪者中除了慕名的讀者外，還有郁達夫在日本留學期間的同學在和北京大學教書時的學生，他們有的是廳長、縣長，有的是公司經理，都是在社會上有一定地位的人物，於是郁達夫一下子就被捲進應酬的旋風中。他參加各種宴會，遊覽名勝古蹟，應邀到處演講，爲人寫字簽名；此外，洗溫泉浴，選購舊書，電台播音，觀賞閩劇，等等，這些成爲他生活中的主要內容。他完全爲「做官」和「做名人」而忙碌，雖偶有執筆，作品的數量不多，許多寫作計劃都未能實現。

一九三六年十一月中旬，郁達夫因受日本各社團及學校之聘去東京講演。他在日本停留了約一個月，在東京、京都、奈良等地參觀、遊覽；會見了日本文藝界的朋友志賀直哉、佐藤春夫等人；他還在東京參加改造社爲籌備出版日譯《大魯迅全集》而舉行的編輯工作會議，並積極協助進行這項工作；他還作了一些學術講演，參加各種學術活動；在《讀賣新聞》上連載文章《今日的中華文學》，向日本讀者介紹中國文藝界的眞實情況。在日本期間，他還三次到在千葉縣鄉下過流亡生活的郭沫若的寓所去看望，消除他們之間的一些隔膜與誤解，並勸告郭沫若回國，此後他還爲促使郭沫若結束流亡生活返回祖國做了許多工作。十二月十九日，郁達夫乘船離開日本，途中曾在臺灣停留，並在廿三日參加臺北新民報社舉行的文學座談會。後由臺灣乘日本輪船「福建丸」返抵廈門，從而結束了這次訪日活動。

一九三七年七月七日發生了蘆溝橋事變，全國規模的抗日戰爭爆發，廣大人民愛國熱情空前高漲，英勇地投入抗擊日本侵略者的偉大鬥爭。愛國軍民的同仇敵愾，日本軍閥的血腥罪行，受難同胞的悲慘遭遇，這一切使郁達夫受到震動，他的生活態度也發生了根本的變化，他不再像在杭州生活期間那樣逃避現實，也不再像到榕初期那樣整日忙於應酬，他終於面對現實，在力所能及的範圍內，爲抗日戰爭做了一些切實的工作。他後來回憶說：「自從去年七月，我國抗戰以來，福州亦和別處一樣，成日成夜，只在做抗敵救國的準備工作。要募公債時，我們就募公債，要征棉衣時，我們也征棉衣。其他如征兵，封鎖江面，送出壯丁，去前線殺敵，組織戰地服務團，去戰線後方從事救護的工作；做反侵略運動，到各鄉村去宣傳抗敵救國的意義；節食救國，一日一分運動，收集舊銅爛鐵，救國連索等等。凡可以盡力於國家，有助於抗戰的事情，我們統統在做。」（《敵機的來襲》）爲了更有效地組織抗日救亡活動，一九三七年十月福州市成立了「福州文化界救亡協會」，郁達夫被推選爲理事長。

這時，郁達夫還用他的筆撰寫了大量宣傳抗日救國的文章。他自覺地減少閑適文學的寫作，而是以戰鬥雜文來爲抗日戰爭吶喊。他寫作熱情很高，例如在一九三七年十一月十五日至十二月四日的二十天中，他就爲《小民報》的副刊《救亡文藝》寫了十二篇雜文，其中有一個星期他每天都有文章。《預言與歷史》《救亡是義務》《不厭重複的一件事》《自大狂與幼稚病》等都是匕首式的雜文。在《魯迅先生逝世一周年》裡，他指出：「紀念先哲，務須達到徹底完成遺志的目的，方能罷手；我們希望在最近的將來，能把暴日各軍閥以及漢奸的頭顱，全部割來，擺在先生的墳前，作一次轟轟烈烈的民族的血祭。」在《文化界的散兵線》一文裡，作者要求文化界人士做好宣傳工作，以「喚起正義，揭發獸行，聯合世界的文化人來撲殺那瘋犬，就是專以侵略爲事的日本帝國主義者」。這些文章迸射著耀眼的戰鬥光芒。

一九三八年初，郁達夫在福州得悉家鄉富陽淪陷，老母殉國的噩耗。日本侵略者攻陷富陽後，「廬舍爲墟，家財被劫，更因老母的不願意遠離鄉土，致這一位七十餘歲的白髮老嫗，也隨廬舍而化成了灰燼」（《國與家》）。但由於故鄉已陷於敵人鐵蹄的蹂躪之下，郁達夫已不能親自去收拾遺骸，他只好在福州光祿坊劉宅景屛軒寓所設靈堂致祭。靈堂正中懸掛母親的遺像，他親自書寫一付對聯掛於像旁，對聯寫道：「無母何依」「此仇必報」，它表達了郁達夫內心深沉的哀痛和強烈的仇恨。

就在郁達夫接到老母殉國的噩耗以後不久，也即是在一九三八年三月九日，他就應在半年多前就已回國的郭沫若之邀，離開福州，前往武漢，任軍委政治部第三廳設計委員。他擦掉眼淚，懷著報仇雪恨的渴望踏上征途。到了第三廳工作以後，「四月中，去徐州勞軍，並視察河防，在山東、江蘇、河南一帶，冒烽火炮彈，巡視一月之久」，六月，「又奉命去第三戰區視察」（《毀家詩紀》）。兩次赴前線慰勞將士並視察戰區，親自感受到前線廣大軍民爲保衛祖國而戰鬥的熱情，這對郁達夫是有著深刻的教育和巨大的鼓舞的。他在一篇文章裡寫道：「老實地說吧，我來到魯南戰地去之先，對於最後勝利必屬我的這句口號，是有七八分懷疑的。在徐州住上半月，這懷疑便減少了四分，上湘西各地去一看，這懷疑又減少了二分，等在武漢外圍的左右翼走了一圈之後，這懷疑卻完全去盡了。現在的我，當然是百分之百的必勝論者。」正是這種人民爲祖國而進行的殊死的戰鬥，以及生身老母被敵寇殺虐的血海深仇，使郁達夫在以後的日子裡以無比堅定的姿態站在反對日本法西斯的戰鬥前列。

在郁達夫離開杭州到福州的一、二年間，他的家庭發生了一些變故，由於第三者的插入，攪亂了他們夫妻感情的平靜。這種家庭糾紛在武漢就發展到了十分嚴重的地步。郁達夫對王映霞，愛之深求之切，有時就做了一些單憑感情用事的缺乏理智的事。例如王映霞在一次爭吵後突然出走，郁達夫就在漢口的《大公報》上登了一則尋人啓事，謂「亂世男女離合，本屬尋常。汝與某君之關係，及携去之細軟衣飾現款契據等，都不成問題，唯汝母及小孩等想念甚殷，乞告以住址。」公開暴露私生活中的問題，並稍作誇張的描述。這一啓事當時頗爲轟動，朋友們則爲他們奔走調解。後來郁達夫又在一九三八年七月十日漢口《大公報》上登了一則道歉啓事，說刊尋人啓事是自己「神經失常」「出於誤會」之所爲，故登報「深致歉意」。經過二人的懺悔與深談，他們終於又訂下了「再重來一次靈魂與靈魂的新婚」的誓約。

後來，經友人易君左建議，郁達夫和王映霞偕同三個孩子及王母到了易居左的家鄉湖南漢壽去暫住，一來響應當局從武漢疏散人口的命令，二來也可以使心情寧靜下來，或者能破鏡重圓。在漢壽時，他們住在城北門蔡天培醋舖的一棟古色古香的正房裡。王映霞說：「在兩個人的心中，在到達漢壽以後的一個時期裡，也的確有過盼望著重歸於好的願望。」（《半生自述》）因而這段生活是比較平靜的。

在漢壽住了一、二個月，九月中陳儀又來電催促郁達夫去閩，郁達夫就單身離漢壽赴福建。不久，王映霞帶著長子郁飛來到福州，一九三八年年底，郁達夫就偕同他們一起遠渡重洋，奔赴新加坡了。

三、椰影蕉風一征鴻

一九三八年十二月廿八日，郁達夫和王映霞携長子郁飛抵達新加坡。他們是在福建閩江口乘英商和豐公司的豐慶輪抵香港，再轉乘意大利郵船皮亞康馬諾伯爵號到新加坡的。翌日，也即十二月廿九日，《星洲日報》上發了一條消息，標題是：爲努力宣傳抗戰，郁達夫將入本報工作，昨偕夫人王映霞女士及公子飛抵星，將每日報告抗戰文藝界情形。消息說：「自武漢放棄後，我國文藝作家之集中武漢者，實踐文章下鄉，文章入伍標語，分頭赴各鄉各鎮，以及海外各處，努力宣傳工作，以期必勝必成之早日實現。郁達夫近亦由武漢退出，先去湘西及武漢外圍前線視察二月，後復經閩浙各戰場巡歷，現已由閩轉粵，偕夫人王映霞女士及子飛由港抵星，不日將入本報工作，以後將每日有關於抗戰文藝界詳情報告。南洋各埠之關心文藝諸君，若欲知祖國文藝界近狀者，可就今後本報探知一切也。」

抵星洲後，郁達夫和王映霞等暫時住在南天旅社八號房。不久就在中峇魯路廿四號三樓的一套三房一廳的房子裡定居下來。他從一九三八年十二月廿八日抵新加坡，到一九四二年二月四日離開，一共在星洲生活和工作了三年零兩個月，他爲星洲華僑文化事業的發展，付出了巨大的心血，爲僑胞的抗日愛國運動，作出了不可磨滅的貢獻。

郁達夫從國內萬里迢迢到新加坡，「是爲星洲日報編副刊來的」。事實上編報紙副刊以至編輯其它報刊正是他在星洲期間的主要工作內容。他從一九三九年一月九日正式接編《星洲日報》的日報副刊《晨星》和晚版副刊《繁星》，一月十五日又開始接編該報每周一期的《文藝》副刊。《星洲日報》創辦於一九二九年，是華僑資本家胡文虎家族創辦的一系列星系報紙的第一份，是當時新加坡最大的華文報紙之一。它以月薪叻幣二百元的重金聘請郁達夫，爲其主編三大副刊。在這同時，郁達夫還兼編檳城的星系報紙《星檳日報》的《文藝》雙周副刊，並負責《星洲日報》印行的畫冊《星光畫報》的文藝欄的編輯工作。後來，從一九四〇年四月起，他又負責《星洲日報》的《教育周刊》的副刊編務，下半年他還代理過《星洲日報》主編。一九四一年他又擔任了在新加坡的英國當局情報部創辦的《華僑周報》的主編。可見，編報紙成爲郁達夫在新加坡期間的主要工作；同時郁達夫也是把這工作作爲一種事業而對它傾注滿腔熱情的。

令人遺憾的是，到了新加坡以後，郁達夫和王映霞的感情裂痕並沒有得到彌合，相反的，他們的關係更加惡化，以至發展到完全破裂。剛到新加坡，郁達夫就將近年來寫的二十首舊體詩詞集成一組《毀家詩紀》並加上說明文字交給香港《大風旬刊》發表，它毫無保留地暴露了郁達夫和王映霞婚變的內幕，然而正如《大風》主編陸丹林後來所指出的，「這些本事注，多有不盡不實的地方。」這一期的《大風》由於發表《毀家詩紀》而轟動國內外，以至印了四版。對於郁達夫的這一行爲，王映霞自然是不能容忍的。她先後寫了兩封信以及《一封長信的開始》《請看事實》二文寄給《大風旬刊》發表。他們在筆墨上相互攻擊，在生活中時起勃谿，雖經朋友調解周旋，但已無法恢復過去的愛情，於是協議離婚，並各在報上自登啓事宣布。王映霞也於一九四〇年五月離開新加坡回國。郁達夫曾經爲王映霞獻出自己無限的熱情，他眞誠而深摯地愛著這位嫵媚的女性，而他們的戀愛和結婚也曾是傳遍文壇的佳話。現在她終於離他而去，留下他在這遠離祖國的炎荒之地，和身邊的年幼的孩子相依爲命，這對於郁達夫來說，無疑是十分痛苦的。

但是郁達夫並沒有被個人的不幸和痛苦所壓倒。他認識到，在當時還「別有戴天仇恨在」。國家的危亡，民族的災難，是擺在每個愛國者面前的嚴峻的問題。「匈奴未滅家何恃？」「

國倘亡，妻妾寧非妓？」如果沒有取得反侵略戰爭的勝利，個人的幸福是根本談不上的。因此他表示要「留取吳鈎拼大敵」，要把自己的全部力量貢獻給保衛祖國的神聖事業。郁達夫在大敵當前時所表現出的這種以國家民族的利益爲重的襟懷和氣概，的確是十分感人的。

在實際行動上，郁達夫以他所主持的幾個副刊爲基本陣地，熱情地進行抗日愛國的宣傳。在三年裡他一共寫了一百多篇文章，其中大量的是雜文與政論。在這些文章裡，郁達夫引導廣大海外僑胞來密切注視正在進行的這場反侵略戰爭，關心自己祖國的命運；並鼓勵他們懷著抗戰必勝的信心，積極投入保衛祖國的神聖事業。他指出：「抗戰的最大目的，當然是在求我民族的自由解放，與國家的獨立完整。」（《抗戰現階段的諸問題》）他向僑胞號召：「我們更要以萬分樂觀的情懷，來爭盡我們出最後一個錢，瀝最後一滴血的天職，因爲這就是最後勝利的另一個名稱」（《紀念九一八》）。在這些文章裡，郁達夫還憤怒地揭露與控訴日本帝國主義的侵略野心及其在中國所犯下的殺人放火、姦淫搶掠的滅絕人性的罪行。他深刻地指出，日本帝國主義對中國的侵略是極其野蠻而殘酷的，它既有用飛機大炮的屠殺進攻，又有政治進攻，經濟進攻，謠言進攻，毒物進攻，娼妓進攻等等，而其中的文化進攻（即讓我們忘記國族）則是敵人用以滅我種亡我國的毒辣的手段。郁達夫這時期的文章還有一部分是屬於時事評論，它研究敵我力量的對比，探討奪取勝利的有利條件，分析國內戰局和國際形勢的變化，加強人們對於反法西斯戰爭的必勝的信心。其中如《抗戰兩年來的軍事》《抗戰兩年來敵我之經濟與政治》《抗戰現階段的諸問題》《敵最近的侵略形勢》《錯綜的歐局》《歐戰擴大與中國》《今後的世界戰局》等，都是曾經產生較大影響的文章。

特別值得指出的是，郁達夫對於那些背叛祖國、投降日寇的漢奸，不管是什麼人，他總是毫不留情地予以揭露與撻伐。一九四〇年在紀念黃花崗七十二烈士的時候，他發表了一篇題爲《今年的三二九紀念日》的文章，對本年三月臭名昭著的汪精衛和陳公博等在南京成立僞國民政府這一事件憤怒地加以討伐。他說，在黃花崗烈士的同志中竟出現了一個出賣黨國、出賣民族子孫的汪逆，這是令人切齒痛恨的。在這年的三、四月間，郁達夫收到郭沫若從重慶來信，信中說：「你知道張資平的消息麼？他竟糊塗到底了，可嘆！」這個消息引起郁達夫極大的憤慨，他立即寫了那篇著名的政論：《「文人」》。文中說，從來信中「我們可以知道，張資平在上海被敵人收買的事情，確是事實了。本來，我們是最不願意聽到認識的舊日同志，有這一種喪盡天良的行爲的；譬如周作人的附逆，我們在初期，也每以爲是不確，是敵人故意放造的謠言；但日久見人心，終於到了現在，也被證實是事實了。文化界而出這一種人，實在是中國人千古洗不掉的羞恥事，以春秋的筆法來下評語，他們該比被收買的土匪和政客，都應罪加一等。」我們知道，張資平是創造社的早期成員之一，原是郁達夫好友；

周作人是最早公正評價並且熱情地肯定郁達夫的小說的文學家，一直受到郁達夫的衷心感激與尊敬。但是，一旦郁達夫發現他們喪失民族氣節，背叛祖國利益，他絕不徇私情，而是嗤之以鼻，並加以強烈譴責。這種大義凜然的態度令人感動。

郁達夫在新加坡期間，他以所編輯的副刊爲陣地，努力推進星洲的文藝運動，他熱情地扶植和培養青年作家，對於已經顯示出文學才華的青年，他總是滿腔熱情地給予關心和指導。他常常爲青年作家的創作撰寫評介文章或作序，給予推荐。例如他爲青年作家溫梓川的短篇小說集《美麗的謊》寫了評論，讚揚作者「很有眼光，很有魄力」（《介紹〈美麗的謊〉》）；他爲李桂的《半生雜憶》寫的序中認爲這部自傳式的作品「是一個忠實的靈魂的告白」；他爲廿七歲就死去的青年詩人馮蕉衣的遺作寫了情深意切的序言。據統計，郁達夫在星洲期間，團結在他編輯的副刊周圍的青年作者還有吳繼岳、黃秀、劉前度、鐵抗、老蕾、王君實、張曙生、戴淮君、李詞傭、白蒙、漂青、白獲、劉思、清才、李冰人、藍孔影、金石聲等。總之，郁達夫像一個辛勤的園丁，以他不知疲倦的努力耕耘，爲馬華文藝培育出許多幼苗，爲馬華文藝事業的發展作出了重大的貢獻，這一歷史功績不會磨滅，它將永遠爲馬華文藝界所紀念。

一九四一年十二月太平洋戰爭爆發後，郁達夫就積極投入抗日的實際工作。他擔任新加坡文化界戰時工作團主席，戰時工作幹部訓練班主任，新加坡華僑抗敵動員委員會執委，新加坡文化界抗日聯合會主席。郁達夫實際上成爲星洲華僑中的抗日領袖之一。在新加坡成爲危城時，他將兒子郁飛托人送回祖國，自己則留在南洋，準備迎接更加嚴峻的歷史的考驗。

四、死在黎明到來時刻

當戰雲籠罩著新加坡的時候，郁達夫就在一九四二年二月四日清晨離開這個南洋海港都市。這時他已是妻離子散，孑然一身了。這次和他同船撤離的還有胡愈之、沈茲九、王任叔、張楚琨、汪金丁、高雲覽等，一共廿八人，大都是在星洲從事抗日宣傳的華僑文化人。在他們乘坐的難民船駛離新加坡港口以後，日本飛機轟炸了新加坡，他們隱約聽得到炸彈的爆炸聲，同時也看到了市內冒向天空的縷縷濃煙。

郁達夫和他的同伴渡過了馬六甲海峽，撤退到了荷屬的蘇門答臘。他們的生活極不安定，三個月左右時間，就先後移徙了石叻班讓、望嘉麗、保東村、彭鶴嶺、卜干峇魯等地方，最後到了巴爺公務。這是一個只有一萬多人口的小鎮，其中華僑有一千多人，鎮上有一所中華學校。郁達夫改名趙廉，以商人的身份出現。他生命途程中的最後三年，大都是在這個椰影婆娑的南洋小鎮上度過的。

這批流亡到巴爺公務的華僑文化人，住定下來不久，曾得到一筆從外地寄來的救濟費，共有四百盾。他們就用這筆錢作資本，再吸收當地華僑的投資一二百盾，開辦了一家酒廠。趙廉（即郁達夫）出面作老板，酒廠名「趙豫記」，張楚琨任經理，胡愈之幫記帳。酒廠開辦一段時間後，銷路驟增，生意興隆，每月都有數百盾的盈餘。他們從中提取一部分給逃難的文化人解決生活困難，以有利作長期的隱蔽。像酒廠這類維持流亡的文化人生活的工廠，以後還陸續開辦有肥皂廠、造紙廠等，也都是由趙廉出面作老板的。

有一次郁達夫去訪問巴爺公務鎮上的僑長蔡承達。正好同時也有一個日本憲兵來和這位僑長辦交涉，雙方語言不通，蔡承達知道郁達夫會講日語，就請他臨時翻譯。從此，駐在武吉丁宜的日本憲兵部就知道巴爺公務的一個華僑趙廉精通日語。當時，占領蘇門答臘的日軍非常需要通日語的譯員，因此，不久郁達夫就不由分說地被帶到距離巴爺公務三十多公里的武吉丁宜，充任憲兵部的翻譯。

郁達夫到日本憲兵部，無異於進了魔窟狼窩。憲兵部是日本法西斯占領者統治與鎮壓印尼人和華僑的機構，裡面犬吠狠嗥，暗無天日。這對於郁達夫是一次極其嚴酷的考驗。事實證明，在那鬼影幢幢的黑暗世界裡，郁達夫並沒有向邪惡勢力屈服，也沒有與之同流合污。他始終保持著自己的民族氣節，保持著自己政治上的貞操。他雖孤身陷入敵營，但仍然做了一些力所能及的工作。他在做譯員時暗中幫助了不少印尼人和華僑。曾經和郁達夫一起流亡到巴爺公務的胡愈之後來回憶說：「在擔任通譯時，他卻幫助了不少人，其中大部分卻是印尼人。達夫當時懂得馬來話，不過幾句，但因爲憲兵完全不懂馬來話，所以遇到審問印尼人時，仍要他作翻譯。他把印尼人的供詞翻譯時故意減輕罪證，因此開脫了不少的印尼人。武吉丁宜附近一帶華僑人數甚少，日本人本來就不十分注意，有時憲兵部接到暗探報告，有關於華僑的，達夫探悉以後，就暗中通知當事人，設法消弭。所以當達夫任通譯的幾個月中，武吉丁宜憲兵部沒有殺害過一個中國人，偶而有被拘禁的，不久經過達夫的暗中營救，也都釋放了出來。」（《郁達夫的流亡和失蹤》）

在日本憲兵部，郁達夫有機會更多更具體地看到日本帝國主義占領者滅絕人性的野蠻暴行，這一切都使他不能忍受；同時，由於憲兵部相信他只不過是一個不懂政治的商人，所以對他較少防備。郁達夫有一次黯然地對他的朋友張紫薇說，憲兵部有時將秘密的事情都讓他知道，他爲此感到害怕，因爲了解的秘密越多，危險性就越大。因此郁達夫就一再想法脫離憲兵部這個黑暗的魔窟。但是要離開憲兵部決不是一件容易的事。當時要找一個懂得日、英、荷語的人很困難，何況這位殷富的譯員還能經常「借」錢給憲兵用。所以幾經努力都無法從憲兵部離開。後來他只好用各種方法摧殘自己，讓自己生病，他雞鳴即起，用冷水沖涼，讓自己傷風；他吃鴉片，喝酒，讓自己咳嗽，後來又進了薩瓦倫多的醫院，並且在那裡買通了一個日本醫生，給開了一張患有肺病的證明書。日本人很怕肺病傳染，恰巧武吉丁宜憲兵隊長又換了人，這樣郁達夫才獲得批准辭職。郁達夫終於脫離生活了七個月的武吉丁宜日本憲兵部，回到巴爺公務。

從此以後，郁達夫過著一段暫時安定的生活。他經營著「趙豫記」酒廠，同時也在寓所裡「養病」。由於他是以「富商」的身份出現，如果長期過獨身生活將會引起日本人的懷疑，而且他的日常生活也確實需要有人照管。經友人介紹，郁達夫於一九四三年九月十五日同一位住在巴東的華僑何麗有結婚。這位新夫人原籍廣東省，二十歲，她的容貌並不美麗，也沒有什麼文化，而且不懂中國話。他所以要娶這樣的少女是有他的苦心的，因爲如果是娶一位有知識的姑娘，怕會洩漏他的秘密，暴露他的身份。在新婚之夜，郁達夫寫了四首律詩。其中一首寫道：「贅秦原不爲身謀，攬轡猶思定十洲。誰信風流張敞筆，曾鳴悲憤謝翶樓。彎弓有待山南虎，拔劍寧慚帶上鈎。何日西施隨范蠡，五湖煙水洗恩仇。」郁達夫當時的友人張紫薇回憶說：「當結婚那天早晨一早就來找我，相見之下，不說別的，就在袋子裡拿出一張紙來，說，『我昨晚弄了很久，拿來給你看。』原來是四首律詩，寫得非常恭楷，一筆不苟：………（詩略）在他這四首詩裡，可以看出包在保護色裡的他的本來面目來。我最喜歡他的『拔劍寧慚帶上鈎』！他也愛這句，他說：『現在幫他們點忙不要緊。』他說：『贅秦原不爲身謀——並不是爲自己吃飯』。他說：『攬轡猶思定十洲——還想安天下呢』。我們共讀這四首詩時，他的聲調，他的解釋的語句，我如今可說還記得清清楚楚。』（《郁達夫流亡外紀》）可見，郁達夫雖然取得暫時安定的生活，而且重新成了家，但是在虎狼環伺的處境中，他的內心深處仍舊牢記著國恥家恨，他忍辱負重，渴望著爲國爲家爲己復仇的時刻。

一九四四年初，郁達夫生活的環境發生了較大變化。這時日本軍部的軍政監部遷到武吉丁宜，蘇島的憲兵總部亦設在此地，因而武吉丁宜就變成日本占領軍的政治與軍事的重鎮，侵略者的統治力量大大加強。憲兵總部裡的人員有不少是從新加坡調來的，有些人對原新加坡文化界的情形十分熟悉。其中有人知道巴爺公務的酒廠老板趙廉就是大名鼎鼎的文學家郁達夫，就向憲兵總部告發。消息傳來，從新加坡流亡來的這群文化人感到極大不安，有人勸郁達夫到別處躲避，但郁達夫知道自己已經受到監視，如企圖逃離即會被捕。經過商量，決定其他文化人分路疏散，而郁達夫則暫時留住。日本憲兵部經過一段時間的偵查，終於弄清楚郁達夫的身份，但他們並沒有馬上就對他下毒手。

郁達夫對於自己的處境是有非常清醒的認識的，他隨時都作犧牲的準備，爲防不測他寫下遺囑。下面是一九四五年農曆正月初一寫的一份遺囑：

余年已五十四歲，即今死去，亦享中壽。天有不測風雲，每年歲首，例作遺言，以防萬一。

自改業經商以來，時將八載，所有盈餘，盡施之友人親屬之貧困者，故積貯無多。統計目前現金，約存二萬餘盾；家中財產，約值三萬餘盾。「丹戎寶」有住宅草舍一及地一方，長百二十五米達，寬二十五米達，共一萬四千餘盾。凡此等產業及現款金銀器具等，當統由妻何麗有及子大雅與其弟或妹（尚未出生）分掌。紙廠及「齊家坡」股款等，因未定，故不算。

國內財產，有杭州官場衖住宅一所，藏書五百萬卷，經此大亂，殊不知其存否。國內尚有子三：飛、雲、均，雖無遺產，料已長大成人。地隔數千里，欲問訊亦未由及也。余以筆名錄之著作，凡十餘種，迄今十餘年來，版稅一文未取，若有人代為向出版該書之上海北新書局交涉，則三子之在國內者，猶可得數萬元。然此乃未知之數，非確定財產，故不必書。

乙酉年元旦

遺囑裡所寫的年齡、筆名、財產數目同眞實情況有些出入，這可能是爲了迷惑敵人的。這不是一張普通的遺囑，更不是閑人雅士的文字遊戲。從這些字裡行間，人們可以感受到一顆赤子之心在跳動。它傳達了我們祖國一個忠誠的兒子在猙獰的民族敵人面前寧願赴死，決不屈服的偉大心聲，它顯示了中華民族的寶貴性格。

一九四五年八月十五日，日本帝國主義宣布無條件投降。郁達夫和他的同伴們終於度過漫漫黑夜，看到了勝利的曙光。但是，由於郁達夫是一個有影響的文學家，又曾在憲兵部裡親眼看到日本法西斯的各種暴行，在未來審判戰犯的國際軍事法庭上，他將會是一個很有力量的證人。日本憲兵爲了減輕與卸脫罪責，就向他伸出了罪惡的黑手。

八月廿九日晚上九點多鐘，郁達夫正和幾位朋友在家中閑談，有個素不相識的青年拿著一封信來找郁達夫。和那個青年講了幾句話後，郁達夫對大家說有點事要出去一趟，他穿著睡衣和木屐，出去後就再也沒有回來。郁達夫在被日本憲兵綁架的當天或第二天就被秘密殺害。而在八月三十日，他的夫人何麗有分娩，是他們的第二個孩子，這個可憐的女孩，從出生時起，就看不到自己的爸爸了。

中國現代文學天宇中的一顆明亮的星星隕落了。